天下文化
BELIEVE IN READING

教室裡的師生對話力

清華大學附小資深名師葉惠貞獨創「對話教學」，以提問訓練、閱讀理解、創意寫作扎根讀寫基礎，以自律學習、美感教育、情緒管理深化素養實踐。

葉惠貞 著

目錄
contents

第三章 修氣養心——品格態度的反思實踐 205

推薦序

優質師生對話，締造有效學習

顏安秀（基隆市東光國小校長）

二十幾年的國小教育職涯，即使現在我已不在第一線的講臺上，但是「對小學生的學習影響最大的人是老師」這個觀念，可是從來沒變過。也不論課綱怎麼改，或從素養導向教學與評量到ＰＢＬ（Problem-Based Learning；問題導向學習）到SDGs（Sustainable Development Goals；聯合國二〇三〇永續發展目標）等浪潮怎麼迎面而來，國小老師，尤其導師對小學生的語言，包含生活言談、陪伴關懷，到學習引導等，絕對是孩子是否學習有成效，甚至上學是否愉快充實的關鍵。

照本宣科、把進度教完已經不符合時代需求。一位期待自己能讓學生學習更有效能的老師，勢必也得是一位好的提問者、好的情境安排者，甚或是好的「陷阱」

設計者。透過這些鋪陳或穿針引線的提問、回答、再提問等步驟，讓孩子宛如逐步跨過簡單的鷹架，但卻能逐級攀上學習成就的高點。

對話，讓孩子展開深度探索

有經驗的老師會視孩子的學齡與既有認知，拋出部分線索讓孩子思辯、挑戰、質疑，或爭取。或者刻意讓孩子「回答錯誤」，進而有機會思考什麼是對的。高度掌握教材與教學節奏的老師，更是能夠藉由學生的答話，再持續提問與對話，絲絲入扣一步步帶孩子學得更深、更多。

怎麼讓對話有效於學習、怎麼透過對話來讓孩子有更深的探索，是ＡＩ時代下好老師必備的特質。但是，好的師生對話除了幫助學科學習，對品德、班規、閱讀，或者自我管理、班級氣氛、團隊合作也有幫助嗎？

在葉惠貞老師的新作《教室裡的師生對話力》裡面，透過滿滿的實例，給予這問題肯定的答案。

《教室裡的師生對話力》延續惠貞老師溫暖且平易近人的寫作風格，像好朋友或前輩般在讀者身邊分享她的教學經驗。第一章談讀寫基礎的打樁深蹲，藉由康軒版國語五上第一課〈拔一條河〉，惠貞老師呈現詳細的教學與互動設計，如何帶著孩子讀懂課文、讀懂句型，甚至是寫作、晨讀，到「讀套書」這樣完整的「布局」，邀請讀者親臨課堂，看著師生間春風和睦、但卻促進有效學習的對話。

當然，高品質的師生互動，絕不會只體現在單一科目的好表現上。進入到學校生活日常，包括孩子怎麼看待分數、怎麼面對挫折、粗心是意外還是實力不足、自我管理的挑戰與困難等，這些比成績更長久、更重要的事，也必然是師生對話中常見的重點。

至於班級經營、班規設計、整潔打掃、同儕糾紛、體育競賽的衝突、情竇初開的迷惘等，這些校園中會出現的挑戰，細心的惠貞老師，也把她怎麼藉由與孩子間的說與聽，扣回反思與成長，場景宛如搬到讀者面前，讓人能一氣呵成的閱讀，然後掩卷時有盈滿胸懷的暖意。

傳統講述的「我說你學」早已不是教學主流，因為要讓孩子說，才能確保孩子懂多少；以及怎麼引導孩子「說對」，或讓孩子「說錯」後也能自我辯證出對的理路，這著實考驗每一位教學現場的老師。

但還好有惠貞老師這本《教室裡的師生對話力》，可以幫助與陪伴各個年段、各種領域的老師。因為書裡提供的，不只是實例與故事，而是一組組對話的模型以及架構，足供所有老師帶回教室，搭配學生的不同起點能力，加以變形、擴充或延伸，創造專屬自己師生的課堂美景，締造孩子的優質學習。

自序

師生對話力，超給力！

至聖先師孔子和學生之間說的話被後人彙編為《論語》，這本孔子和弟子間的對話語錄悠遠流長傳世千年。讀著《論語》時，我總想像身材高大的孔子身邊圍繞著弟子群，在學堂中人人正襟危坐聽課時，或師生偕同行走某處時，抑或某個事件發生當下，孔子總能循循善誘的說出教誨、教導話語，表述他對教育學習、修身道德和孝悌處世等見解。

孔子年代講學一切從簡，最直接真實的互動就是師生對談，彼時沒有留下影音紀錄，但我揣摩那是簡單但深刻的師生對話場景，我心嚮往。

時代更迭，教育面貌百花齊放，各式教學資源設備充足，老師的工作內容仍可用韓愈所說的：「師者，所以傳道、授業、解惑也。」來涵蓋，也就是老師對學生傳布待人接物道理、教授專業知識、解答疑惑問題。

教學該如何才能達成傳道、授業、解惑兼具的有效教學？更上一層樓的又如何能促成「有機教學」呢？也就是不強迫灌輸、不以權力壓制、不破壞孩子思考本能的師生互動歷程。我一向秉持「簡易、可行、好操作」的教學模式，建立教室裡的師生對話力就是通往教學桃花源之路。

師生對話，啟動學生思考力

我清楚老師的角色與影響力，學生愉快歡欣或痛苦悲慘、主動積極或被動消極、自信獨立或自卑依賴，家庭功能之外，老師尤為關鍵。我相信溫暖友善正面的師生對話，對小學階段前額葉尚在發展的孩子有活絡作用，我必須避免呆板機械的教學造成其大腦發展損失。

我念茲在茲的是創造學生的參與，透過師生互有往來的對話，啟動學生的思考本能，開啟好奇天賦，催化學習動能，師生一起精采課堂樣貌。

因此，師生對話是點燃學生思考的火種。我常以提問為開端，佐以輕鬆的聊天當催化劑，讓學生跟上我的話題靈動思考。這不是閒聊，是把輕鬆對談提升到聚焦式的對話，並有思辨與討論表達，再形成判斷。我們互相聆聽、彼此理解，最後達成共識。

有時，我以嚴肅專業的角色提升學生知識成長；有時，我用幽默詼諧的方式鼓勵學生注重書本之外的人際學習與問題解決能力；有時，我四兩撥千金的以班級生活大小事和學生談挫折調適、情緒管理和眼界拓展，墊撐其人生高度。

在來來往往的師生對話中，我表現傾聽與接納，我同理與關懷，我不吝嗇肯定和讚美，我的激勵性語言伴隨不斷提問與激盪思考。日積月累中，我看到學生的學習向下扎根並逐漸開展學習策略，我欣喜學生表現對人、事、物的關懷，長成更美好的模樣。

我最害怕見到的就是學生眼裡無光，他那天生的學習本能、思考的天賦、好奇的本性，都需要師長借力使力，善用對話激發。師生雙向對話是學生在學習階段大腦最需要的成長養分，學生會把聽、看、聞，以及所思所想結合自己的判斷，形成個人的概念和價值。師生對話的刻畫也會在其成長過程逐漸內化成和自己對話的能力，使之日後成為獨立的人。

所以，師生對話不只用來表達想法，更代表溝通，以及情緒管理和社交能力。教學若只有單向灌輸，沒有互動對話就沒有溫度，掌控型的老師可能帶來學生短期的服從，但無法交心，缺乏師生對話就是貧乏的學習環境。

如果你想知道一堂語文課的完整樣貌，書中我以師生對話力在國語課以〈拔一條河〉這課課文鋪陳有方有法的教學歷程，協助學生發展學習策略。

如果你困惑如何建立學生閱讀習慣、形塑班級閱讀風氣，書中我以師生對話力輕鬆達陣，讓學生開學第一天就晨讀。

如果你好奇如何營造和諧溫暖的師生關係；如果你苦於不知如何製造師生對談話題；如果你看重學生的全人發展，卻對教育教養仍有諸多問號，那麼你能在書裡我和學生的故事中，得到靈感啟發與找回初心。看我從一首歌談起、從一篇寫作開始、從討論班規再到抄寫聯絡簿……，在在都以對話拉近了師生距離，豐厚一段溫暖有情的師生情緣，也滋養學生未來人生之路。

在二〇二二年 TED × Zhubei 年會，我受邀以「如何讓孩子擁有安定的身心？打造『家的幸福三度空間』」為題發表短講。其中我談到親子間對話要有溫度，轉換到教學現場，有為者亦若是。在我和學生的對話中，有亦師亦友的溫暖和諧，有像親子關係般的親密無間，也有比擬法官判定的理性嚴謹。在師生對話間，我們建立互信互愛的良好關係；而在良好的師生互動品質下，我也為孩子創造有機的學習環境，這是真善美的循環。

《論語》依舊傳世，而我和學生的對話故事也不遑多讓的使彼此發光發熱，互相成就。

第一章

穩紮穩打——讀寫基礎的打樁深蹲

學校裡的學習是累積發現意義的經驗，學生的任務不只要學習如何思考，更要思考如何學習。

課堂的對話討論展現老師設計的教學活動，引導學生從提問到探究，體會閱讀理解的步驟，讓思考變得可見。

01 「滿目瘡痍」就是「慘慘慘」

新學期我接了五年級新班級，高年級學生需要開展自學的方法，才能承接日益加量、加碼、加深、加廣的課程，也才能感受學習的樂趣。因此，自開學日起、就從第一課，我帶領學生蹲穩馬步。

這個開學日頗特別，前一個學期的五月十九日因應 COVID-19 疫情防疫需求，展開遠距教學直接銜接暑假，學生離校三個多月後終於返回學校。能夠回歸生活日常是喜事一件，但不知是否對校園生活生疏，忘記了學習的況味，學生的眼神裡看不到光。由於是新班級，學生舊經驗起點條件不一，藉第一課初始，我問幾個問題測試學生程度，也開啟自主學習的訓練。

課文讀三遍，遍遍有任務

康軒版國語五年級上學期第一課是〈拔一條河〉，作者楊力州導演敘寫高雄市甲仙國小在民國九十八年莫拉克風災後成立拔河隊，以拔河運動療癒孩子及振奮鄉里的故事。

翻開課本後，我問：「課文怎麼看？怎麼讀課文？」學生答案有讀兩遍和讀三遍。我問學生讀兩遍要怎麼讀？他們答曰：「先略讀，然後再詳讀。」

我再問讀三遍要怎麼讀？學生回答第一遍略讀，第二遍詳讀，然後就語塞了。「那麼，第三遍呢？」學生不知如何回答，便囁嚅的說：「第三遍還是詳讀。」

我先讚美學生能力不錯，知道課文不能只讀一次，而是要多讀幾次，但我提點進入課文閱讀前要先看課文名稱。我在白板寫下：「讀書先讀皮，讀文識標題。」說明課文名稱和課文內容一定有關聯，閱讀初始可從課文名稱抓取重要訊息以及做預測與提問，學生便讀出課文名稱〈拔一條河〉，並預測課文內容與拔河有關。

接著，我問學生什麼是略讀？什麼是詳讀？學生說略讀就是快快讀，詳讀就是慢慢讀；顯然學生對閱讀課文一知半解，說不出具體方向。

「略讀是快速瀏覽，就是讀情節，以本課是記敘文來說，讀情節是先讀出『什麼人做什麼事』；詳讀是慢慢品味，就是讀細節，讀細節是在情節之上累加，讀出『什麼人在什麼時間、什麼地點、做什麼事？事情的開始、經過和結果如何？』」我慢慢的說，一邊板書寫下重點。「剛才有同學說還要讀第三次，非常好，讀三次是必要的。第一次略讀是讀情節；第二次詳讀是讀細節；第三次是提問，讀到哪裡不懂就把問題說出來。」我依序說明課文讀三次的任務重點所在。

接著，學生依據課文三讀「略讀—詳讀—提問」的方式讀課文，並說出略讀所得是「甲仙國小成立拔河隊」；詳讀則是「甲仙國小在莫拉克颱風重創甲仙之後成立拔河隊，剛開始很辛苦，經過努力練習之後獲得好成績。」

讀不懂就說出來

提問是開啟主動學習的關鍵，是我一向注重的教學策略，因此，課文初始我想以提問切入課文理解，便問學生有無不懂之處需要提問。學生說沒有，再次詢問都無人說有問題。

學生以為自己「全都懂」而沒有「不懂」，可能有以下原因：首先是自我感覺良好，以為字詞都會就是懂；其次是面子問題，怕被取笑不好意思說不懂，再者便是過往缺乏訓練，不知該如何提問。

提問需要一段時間的養成，才剛開學，學習方法可以慢慢醞釀不急於一時，我便鼓勵學生：「讀到哪裡不懂就把問題說出來即可。」

終於，有個學生勇敢舉手了：「老師，我不懂『瘡痍』。」

「『瘡痍』出現在哪裡？請你讀出來。」我請學生讀出問題所在的段落及句子，讓全班都能聽到。

學生讀出：「滿目瘡痍的景象。」

「在段落裡讀句子要讀出句號和句號間所有的語句，這樣才能理解較完整的概念。」我說明該如何讀出段落的完整語句。

於是學生重新讀：「民國九十八年，莫拉克颱風重創高雄甲仙，滾滾泥水沖走大片農田，沖斷橋梁、沖毀道路，滿目瘡痍的景象，讓甲仙人面臨絕望的深淵。」

這剛好是第一段完整的內容。

我問學生：「顯然你不懂『滿目瘡痍』是語詞不懂，語詞不懂該怎麼做？」

學生眾口同聲迅速回答：「查字典。」

「今天是開學第一天，你們字典帶來了嗎？」在我的問題下，眾人搖頭。

「那麼，沒有字典該怎麼辦？」我沒放過學生，繼續問。

「回家查。」太可愛的回答，因為字典真的在家裡沒錯，又因從小根深柢固被灌輸「字典是啞子老師」吧！

「今天回家查，明天才能討論，緩不濟急，現在問題就擺在眼前。」我說。

「看語詞中間有沒有關鍵字？」有個學生說出了好方法。

「很好，那麼『滿目瘡痍』你們看出什麼關鍵字？」我滿意學生的回答，但也好奇他們會看出什麼。

學生說看不出來後便安靜了。這個安靜很好，步步靠近我想提點的學習策略。

「詞語不懂不一定要先查字典，一來手邊不一定有字典，再者字典裡所寫常是咬文嚼字的釋義，有時反而讓你更加不懂。如果能看出語詞中的關鍵字或拆字也是好方法，可是「瘡痍」不能拆解。那麼，就從上下文來推論詞義！因為句子和句子之間是有關聯性的。」我說。

詞語不懂，從上下文推論

於是我問：「民國九十八年，莫拉克颱風重創高雄甲仙，滾滾泥水沖走大片農田，慘不慘？」

「慘。」學生回答。

「沖斷橋梁，慘不慘？」

「慘。」

「沖毀道路，慘不慘？」

「慘。」

這時學生有所頓悟的說：「老師，我知道了，滿目瘡痍就是『慘慘慘』。」

在大家的笑聲中，我鼓勵學生將「慘慘慘」帶進段落句子裡替換語詞讀讀看。

「民國九十八年，莫拉克颱風重創高雄甲仙，滾滾泥水沖走大片農田，沖斷橋梁、沖毀道路，慘慘慘的景象，讓甲仙人面臨絕望的深淵。」學生讀著並驚喜的發現：「通順耶！原來滿目瘡痍就是慘慘慘！」

「老師，滿目瘡痍也就是慘不忍睹囉！」當學生再將「慘不忍睹」替換「滿目瘡痍」讀著，發現句子可以合理通順，瞬間也理解了詞義，臉上不免有欣喜表情。

「你們有沒有發現，句子和句子之間彼此有關聯。課文先敘述颱風重創高雄甲仙，接著描述重創的情形，泥水沖走農田，橋斷路毀，這個景象慘慘慘。因為慘不忍睹，所以甲仙人感覺如何呢？」我問著。

「絕望。」學生回答。

「賓果！」學生解鎖了語詞釋義，理解了句子間有關聯性，一片豁然開朗之感。

這時，我再點開電子書中對於「滿目瘡痍」的解釋，寫著：「形容所見到的都是殘破不堪的景象。」學生理解了這個解釋說明和「慘慘慘」、「慘不忍睹」是相近的意思。

「『瘡痍』看不出關鍵字或無法拆字，但仍可以推論。瘡痍二字都是『疒』部的字，你會聯想哪些字也是同部首的字？」我問。

學生想到「疾、病、痛、疫、癢、症」等字，都與疾病或病痛有關，便可推論瘡痍也可能表示不太好的意思。

於是，開學的第一堂國語課，學生在與我的對答中一步步試探語文學習策略，也在偵錯中修正，領悟到從上下文推論進而理解語詞詞義的奧妙。這第一堂課，學生眼裡漸漸有了光。

親愛的孩子，學校裡的學習是累積發現意義的經驗，你的任務不只要學習如何思考，更要思考如何學習。課堂的對話討論展現老師設計的教學活動，讓你的思考變得可見，而不是幸運的湊巧出現。學習可以冒點險，錯了也無妨，重要的是你真實投入其中，體會從「不會」到「會」的結果令人驚奇且振奮，你將更自信、更勇敢的成為獨立學習者。別擔心，這條路上我們師生將攜手同行，步步穩定而踏實。

02 讓讀懂課文成為「一片蛋糕」

從中年級升上高年級是很大的跨越，國語學科的學習也是如此。

翻開國語課本，學生發現課文和中年級大不同，他們形容是「無注音的加長型課文」。低、中年級國語課本的課文篇幅短，課文文章之後有延伸的語文活動，例如，一整頁的「我會寫字」，大大的生字方格標示部首、筆畫、筆順。此外，還有形近字、多音字的比較和造句示例，或是語詞和句型的解析說明，甚或圖片引導故事聆聽與補充閱讀的短詩短文，豐富有料。

但，這些在高年級國語課本都消失了，只有課文，精實的課文。從五年級上學期第一課起，學生感受到高年級的挑戰來了。

課本有學問

「課本的編排設計是有用意的，想想，移除了字的認識、語詞句型的解析，這表示什麼？」我問。學生可能壓根都沒想過這些事，我的提問讓大家面面相覷。

「這表示識字、語詞和句型已經不是高年級的學習重點了，從低年級到中年級一路打基礎到現在，這些已經轉換成你們自學的項目了。高年級國語課本只有課文，那麼，你們認為這個階段的語文學習重點在哪裡呢？」我既解釋也提問。

「讀懂課文。」學生被點通了，答對了我的提問。

「沒錯，要充分讀懂課文，就是做到閱讀理解。」我說。

閱讀理解對學生來說太抽象，還需要具體說明。

「不要把閱讀理解想得太難，就是掌握課文名稱，知道每一段在說什麼，再把各段整合起來後，知道全文在說什麼，就是這樣而已。」

我認為高年級學生的學習質量應該要有所提升，在課文讀三次的「略讀—詳讀—提問」之後，看課文的格局應該放大，不拘泥於句子裡字面詞意的解讀，而是能解析段落內的訊息，再串聯各段落並整合全文。這表示學生要能判讀段落重點句，理解段落大意到彙整全文大意，也就能讀懂全文。閱讀理解的道路荊棘叢生，學生需要老師的步步帶領，齊心披荊斬棘，開闢一條豁朗的學習路徑。

在舊經驗之上發展新概念

我請學生略讀第一課課文。

第一課　拔一條河

（教材來源：康軒版國語五上）

民國九十八年，莫拉克颱風重創高雄甲仙，滾滾泥水沖走大片農田，沖斷橋梁、沖毀道路，滿目瘡痍的景象，讓甲仙人面臨絕望的深淵。

風災的打擊，讓每個人失去往日的笑容，低迷的氣氛瀰漫整個小鎮。

為了找回孩子的自信與笑容，甲仙國小成立拔河隊，希望透過練習和比賽，讓他們平復災後的心情，找到精神的寄託。

當時，學校重建工程尚未完工，拔河隊員只能在河邊的攤販集中場裡，利用木板取代拔河道，穿著一般的運動鞋取代拔河鞋練習。每天，他們利用晨間活動、午休及放學後的時間練習，他們的膝蓋和手掌磨破了，只在傷口塗上藥水，用紗布包好後就繼續練習。長時間的練習，讓他們的手掌都長出厚繭，彷彿戴上隱形的手套。

為了在全國比賽中嶄露頭角，他們努力的練習，不知磨破多少雙鞋，也不知拔裂多少條繩子。練習時，教練常說：「你們要站穩腳步，慢慢的向後退，向後退一步，勝利就會向前進一步！」當教練平舉的雙手向下揮，他們的重心往後，雙手緊握拔河繩，齊聲喊著「一、二、殺……」，雙腳撐住拔河道，奮力的向後移動，就算跌倒了，也不輕易放手。

拔河隊勇奪高雄市拔河賽冠軍後，取得代表權參加全國大賽，經過好幾場龍爭虎鬥，終於獲得亞軍的好成績。當他們凱旋返校的那一天，甲仙大橋的橋頭人聲鼎沸，到處都是歡迎的鄉親和家長，道路兩旁早已擺滿各式各樣的鞭炮，所有人高舉標語和海報，準備迎接拔河隊員。當車子緩緩進入甲仙大橋時，鞭炮聲和歡呼聲此起彼落。鄉親們看著凱旋歸來的拔河隊員，感動得熱淚盈眶。

甲仙國小拔河隊在克難的環境中練習，他們從來不喊苦，也不放棄對拔河的熱愛。拔河讓他們找到盡情揮灑的舞臺，也獲得滿滿的掌聲，更找回往日的自信與笑容。

第一課〈拔一條河〉是記敘文，學生知道記敘文的要素有人、事、時、地、物，找出課文中人、事、時、地、物的五大要素後，試說課文大意就是：「民國九十八年，颱風重創甲仙，之後，甲仙國小成立了拔河隊。」

本課是敘事為主的記敘文，試說課文大意後便要在「事」的部分深入探究。「一件事的發展有三個步驟，分別是什麼？」我先喚醒學生的背景知識。

學生馬上回答：「開始－經過－結果。」

我讓學生討論並找出「甲仙國小成立拔河隊」這件事的「開始－經過－結果」分別在第幾段。

課文寫甲仙國小成立拔河隊的「開始」是在第二段；「經過」是在第三段和第四段；「結果」是在第五段。我們將討論結果寫在白板上（見下頁圖表1）。

「可是，課文有六段耶！那麼，第一段和第六段寫些什麼？又代表什麼？」我問。對照白板，很明顯少了首段和末段。這個問題讓學生對閱讀課文有新的思考。

「第一段寫颱風帶來災害，這事早於甲仙國小成立拔河隊之前，也是拔河隊成立的契機。」我說。

「背景，這是事件的背景。」學生有發現新大陸的驚喜。沒錯，第一段便是事件的背景。

「最後一段整合拔河這件事引起的變化……」我的話尚未落下，學生便說出：「影響！事件帶來的影響！」

我讚美學生孺子可教，一點就通，學生的臉上也有了光采。

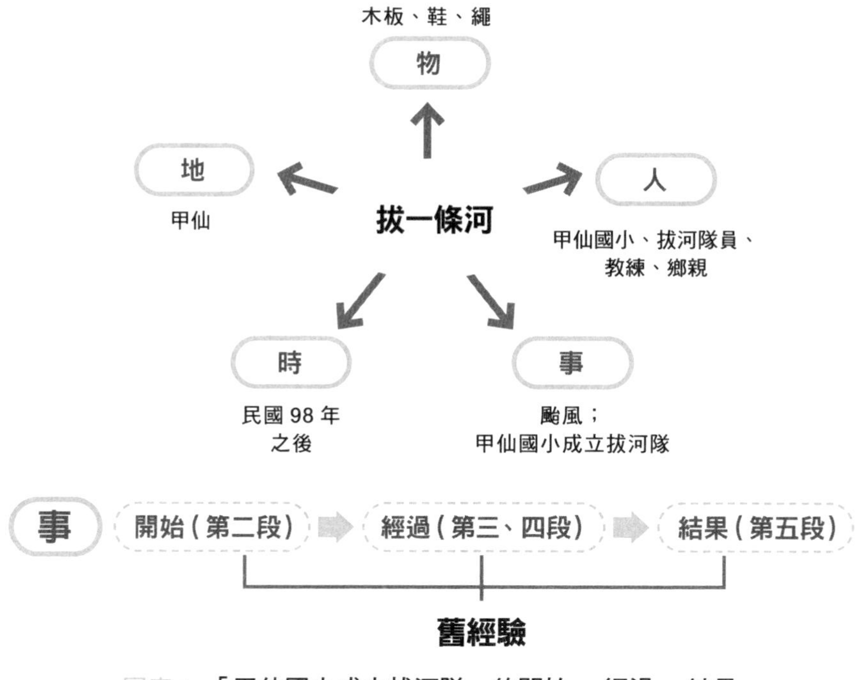

圖表 1　「甲仙國小成立拔河隊」的開始－經過－結果

中年級的文本敘事簡單，基本款是描寫事件的始末與經過，而高年級的加長型課文往前後延伸，便是前頭先述說背景，後頭再加上影響，其實都在已經建立的鷹架上累加，並不是全新的概念（見下頁圖表2）。學生能在我的提問中思考，隨後自己發現文章書寫的架構，漸漸領略到學習其實是有竅門的。

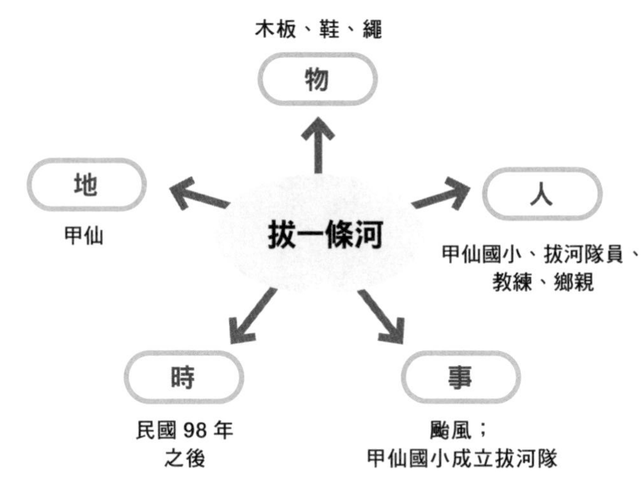

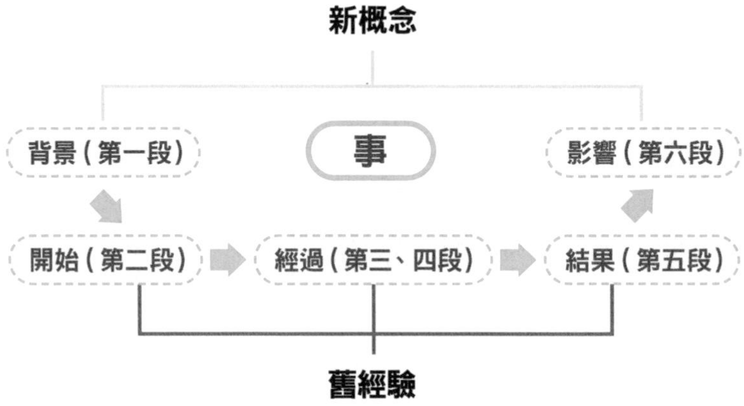

圖表 2 「甲仙國小成立拔河隊」的完整架構：
背景—開始—經過—結果—影響

抓重點，段自明

接著，判斷段落重點句的重頭戲上場了。能判斷段落的重點句便能清晰段落的要旨，我提出通關密語：「注意首句和末句，『什麼人做什麼事』。」段落內的首句是小事件敘事的起點，之後是承接這個事件起點的描寫，末句則是小事件敘事的結束，因此首尾可以對應。

我請學生準備雙色螢光筆。自己練習時先用淺色螢光筆，之後全班討論、定調重點句就用深色螢光筆。深色可蓋淺色，若自己的思考不夠到位，和全班討論結果有誤差，那麼兩色筆跡可做對照比較。我稱之為「螢光筆畫線法」。這不是亂畫，不是全段都畫，而是思考加判斷後以明亮色彩彰顯重點，讓螢光筆發揮螢光價值。

民國九十八年，莫拉克颱風重創高雄甲仙，滾滾泥水沖走大片農田，沖斷橋梁、沖毀道路，滿目瘡痍的景象，讓甲仙人面臨絕望的深淵。（第一段）

我帶著學生練習操作第一段。

學生根據「首句加末句，什麼人做什麼事」的口訣，畫出「民國九十八年，甲仙人面臨絕望的深淵。」

但學生認為首句「民國九十八年」尚未點明事件。

「很好，那就將句子繼續往下看。」我說。

於是學生讀出畫線內容「民國九十八年，莫拉克颱風重創高雄甲仙，讓甲仙人面臨絕望的深淵。」段落中間描寫的是甲仙被重創的情形，學生很高興自己抓到第一段的重點了。

挑戰第二段時，學生感覺難度提高了。因為第二段的敘述比較長。老師的任務就是協助解決學生的學習困難，於是，我說：「長段落要切分，切句號、切問號、切驚嘆號。」

學生覺得「切切切」的口訣好酷，迅速看出第二段可切分成兩小段，也試著以「首句加末句，什麼人做什麼事」的方法，畫出第二段重點句。

風災的打擊，讓每個人失去往日的笑容，低迷的氣氛瀰漫整個小鎮。為了找回孩子的自信與笑容，甲仙國小成立拔河隊，希望透過練習和比賽，讓他們平復災後的心情，找到精神的寄託。（第二段）

我鼓勵學生不要死板板的讀課文語句，以自己的理解加點橋梁文字，就可以通順的說出段落主旨了。

「風災的打擊，讓小鎮氣氛低迷。甲仙國小成立拔河隊，希望學生找到精神的寄託。」學生說出第二段段意。

這裡，學生也多了點討論，大家認為成立拔河隊的目的是要「找回孩子的自信與笑容」，所以這一句應該也要畫起來。

「當然可以，畫重點句沒有標準答案，要保持彈性，不斷檢視是否與課文主題相關聯，是否點明段落主旨，不用擔心自己所想是否和老師完全疊合，有自己的判斷基準更重要。」我為學生打了強心針，鼓勵他們嘗試。

當時，學校重建工程尚未完工，拔河隊員只能在河邊的攤販集中場裡，利用木板取代拔河道，穿著一般的運動鞋取代拔河鞋練習。每天，他們利用晨間活動、午休及放學後的時間練習，他們的膝蓋和手掌磨破了，只在傷口塗上藥水，用紗布包好後就繼續練習。長時間的練習，讓他們的手掌都長出厚繭，彷彿戴上隱形的手套。（第三段）

第三段難度又增加些，我帶領學生串聯他們所畫的重點句。

「拔河隊員在攤販集中場練習，用的是木板，穿的是一般運動鞋，這表示什麼？」我問。

「設備簡陋。」學生說。

「晨間活動練、午休練、放學後也練，這又表示什麼？」我問。

「長時間的練習。」

「紗布包好傷口繼續練，長時間下來會如何？」

「手掌會長出厚繭，就像戴上隱形手套。」學生回答。

太棒了，我稱讚學生能知道段落內的句子之間是有關聯的，這麼長的段落切分成三小段，「起」—「承」—「合」的串聯下，學生說出第三段重點是「初期練習時設備非常簡陋，長時間的練習，大家的手掌長出厚繭。」

熟練真的能生巧

學生信心大增，其後的段落更加躍躍欲試。

為了在全國比賽中嶄露頭角，他們努力的練習，不知磨破多少雙鞋，也不知拔裂多少條繩子。練習時，教練常說：「你們要站穩腳步，慢慢的向後退，向後退一步，勝利就會向前進一步！」當教練平舉的雙手向下揮，他們的重心往後，雙手緊握拔河繩，齊聲喊著「一、二、殺……」，雙腳

撐住拔河道，奮力的向後移動，就算跌倒了，也不輕易放手。（第四段）

學生理解第四段的段意是「為了在全國比賽中嶄露頭角，大家努力的練習，就算跌倒了，也不輕易放手。」段落中的敘述在在都呼應努力練習的經過。

拔河隊勇奪高雄市拔河賽冠軍後，取得代表權參加全國大賽，經過好幾場龍爭虎鬥，終於獲得亞軍的好成績。當他們凱旋返校的那一天，甲仙大橋的橋頭人聲鼎沸，到處都是歡迎的鄉親和家長，道路兩旁早已擺滿各式各樣的鞭炮，所有人高舉標語和海報，準備迎接拔河隊員。當車子緩緩進入甲仙大橋時，鞭炮聲和歡呼聲此起彼落。鄉親們看著凱旋歸來的拔河隊員，感動得熱淚盈眶。（第五段）

第五段，有些學生認為重點是「拔河隊勇奪高雄市拔河賽冠軍。」因為這出現在首句。

我問：「鄉親熱烈迎接為哪樁？是高雄市冠軍還是全國大賽亞軍？」

學生恍然大悟，是全國大賽亞軍。句子得看完整哪！是「勇奪高雄市拔河賽冠軍後，取得代表權參加全國大賽」。

學生提取了段意是「拔河隊參加全國大賽，獲得亞軍的好成績，鄉親們熱烈迎接，並且感動得熱淚盈眶。」段落中的敘述表現鄉親們的感動。

甲仙國小拔河隊在克難的環境中練習，他們從來不喊苦，也不放棄對拔河的熱愛。拔河讓他們找到盡情揮灑的舞臺，也獲得滿滿的掌聲，更找回往日的自信與笑容。（第六段）

最後一段學生已能輕鬆掌握段意：「拔河隊在克難的環境中努力練習，他們找到了舞臺，獲得掌聲，更找回自信與笑容。」

串段意，綜全文

對應白板上的課文結構圖，再將各段以螢光筆畫下的重點句串聯起來，學生便能掌握課文全文要旨。

民國九十八年，莫拉克颱風重創高雄甲仙，讓甲仙人面臨絕望的深淵。（背景）風災的打擊，讓小鎮氣氛低迷。甲仙國小成立拔河隊，希望學生找到精神的寄託。（開始）

初期練習時設備非常簡陋，長時間的練習，大家的手掌長出厚繭。（經過一）為了在全國比賽中嶄露頭角，大家努力的練習，就算跌倒了，也不輕易放手。（經過二）

拔河隊參加全國大賽，獲得亞軍的好成績，鄉親們熱烈迎接，並且感動得熱淚

盈眶。（結果）

拔河隊在克難的環境中努力練習，他們找到了舞臺，獲得掌聲，更找回自信與笑容。（影響）

課文閱讀理解解鎖了，學生鬆了一口氣，嘴角也漾出笑意的說：「原來，找出段落大意和全文主旨也是 a piece of cake。」是啊！用對方法就不難。

親愛的孩子，過往學習歷程積累的知識與經驗是未來學習的籌碼與能量，高年級的你必須消除依賴的心理，人人都要想想「發展有效的學習策略」這件事，它很重要，你要為探究新學問拾級而上。

「策略」不是專有名詞，它是可以操作與練習的動詞。螢光筆畫線判斷段落重點句，思考與課文主題的相關聯，串聯段意成全文大意，讀懂課文可以是「一片蛋糕」的容易。

當然，課文的閱讀理解絕不會只有一種方法就能行遍天下，未來，我們還要攜手破關，讓我們先握拳喊聲：「Fighting!」

03 讀懂句型，閱讀力UP

過往有豐富低年級教學經驗，我總是主張句型教學無分年段。低年級的孩子，也可透過老師的適切提問與引導，徹底理解句型意義與讀懂句子間的關聯。地基打得穩，樓房層層加蓋依然牢固。面對五年級新班級，我需要一邊檢驗學生之前打下的基礎穩固與否，也要重新固樁，多加鋼梁使之能承受日後漸增的學習重量。

語文之難，句型是其一

李白曾寫〈蜀道難〉，這首樂府詩的前段和收尾都提到「蜀道之難，難於上青天」，意思是蜀國四面被高山環繞，想要在四川山高谷深的險峻崎嶇山路行走，簡直比登天還難。這兩句是耳熟能詳的詩句，比喻事情難度高。

我解釋並直接引用這兩句，讓學生針對語文學習內容做填空造句。

「蜀道之難，難於上青天；語文之難，難在（　　）。」

學生回答的前三名是作文、寫出段落大意和全課大意，還有句型造句，顯然句型仍是許多學生的痛點。

我讓學生想像，如果我們穿越到工具不發達的古代，要開鑿山路、修築棧道鐵定是苦上加苦，難之又難；但現今便不一樣了。

學生滔滔的說著，有炸藥開鑿山洞、有大型科技機具代替人力，搭乘飛機也能穿越雲霧到達目的地。的確，現在更有高鐵通達四川首都成都，較之以往大大節縮了時間成本。

因此，若古人穿越到現代，應該會嚇得瞠目結舌喃喃說著：「蜀道已不難。」這個概念延伸到學習便是學生要鍛鍊大腦思考，用上好方法、好工具，學習才能展現效果，只用蠻力將徒勞無功。

行動與目的是「目的複句」

〈拔一條河〉中有兩個「為了……」的目的複句。

風災的打擊，讓每個人失去往日的笑容，低迷的氣氛瀰漫整個小鎮。為了找回孩子的自信與笑容，甲仙國小成立拔河隊，希望透過練習和比賽，讓他們平復災後的心情，找到精神的寄託。（第二段）

為了在全國比賽中嶄露頭角，他們努力的練習，不知磨破多少雙鞋，也不知拔裂多少條繩子。練習時，教練常說：「你們要站穩腳步，慢慢的向後退，向後退一步，勝利就會向前進一步！」當教練平舉的雙手向下揮，

> 他們的重心往後，雙手緊握拔河繩，齊聲喊著「一、二、殺……」，雙腳撐住拔河道，奮力的向後移動，就算跌倒了，也不輕易放手。（第四段）

點開電子書的句型說明，上面寫著「句型定義」：「在一組句子中，一個句子提出要達到某種目的，另一個句子說明為達到此目的必須採取的行動。」若直接揭示給學生看這拗口艱澀的句型定義，我猜想現在學生多有「字避症」，看到這落落長的敘述加上難懂的說明，看不懂也看不下去。

我要步步引導，讓步步驚心的學生放心站穩腳步。

我將句子拆解，再加上橋狀圖，寫在白板上（見下頁圖表3）。

我讓學生看出「找回孩子的自信與笑容」、「甲仙國小成立拔河隊」，這分別是兩件事。同樣的，「在全國比賽中嶄露頭角」、「他們努力的練習，不知磨破多少雙鞋，也不知拔裂多少條繩子」，這也分別是兩件事。

接著，我問：「只有出現這個句子『找回孩子的自信與笑容』，話說清楚了

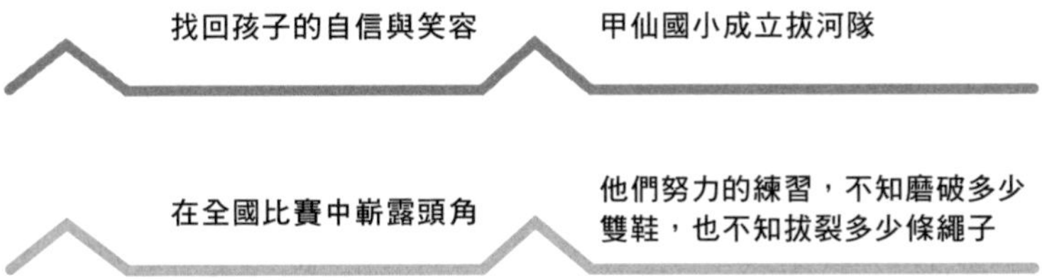

找回孩子的自信與笑容

甲仙國小成立拔河隊

在全國比賽中嶄露頭角

他們努力的練習，不知磨破多少雙鞋，也不知拔裂多少條繩子

圖表 3 〈拔一條河〉「目的複句」拆解橋狀圖

嗎？」學生表示沒有。於是，學生也能類推理解，只有出現「在全國比賽中嶄露頭角」這個句子，話沒說完呢！學生便知道，一句話沒說清楚，會讓人丈二金剛摸不著頭腦，其後必須有說明，讓語意完整。

所以「找回孩子的自信與笑容」，隨後有「甲仙國小成立拔河隊」這個句子。

「橋梁有連接兩地的作用，句子間也必須有橋梁文字，使之讀起來通順。」我請學生討論之後，上臺書寫，為句子適當處添加橋梁語詞，再完整讀出來。

「為了找回孩子的自信與笑容，於是（所以）甲仙國小成立拔河隊。」

「為了在全國比賽中嶄露頭角，於是（所以）他們努力的練習，不知磨破多少雙鞋，也不知拔裂多少條繩子。」學生說，後面分句若省略「於是」、「所以」，仍能表現完整語意。

「兩個或兩個以上的句子彼此有關聯就是複句。這兩組句子中，一個句子表現目的，另一個句子則表現達到這個目的得要採取的行動。」我說。

依著我的說明，學生再次檢視句子，很快便看出這兩組句子中，前面的分句表現目的，後面的分句表現行動。於是，我拉出箭頭標示重點（見圖表4），並說著：「以行動彰顯目的，這就是『目的複句』。」我仍再次強調，無須強記句型分類和定義，閱讀理解才是王

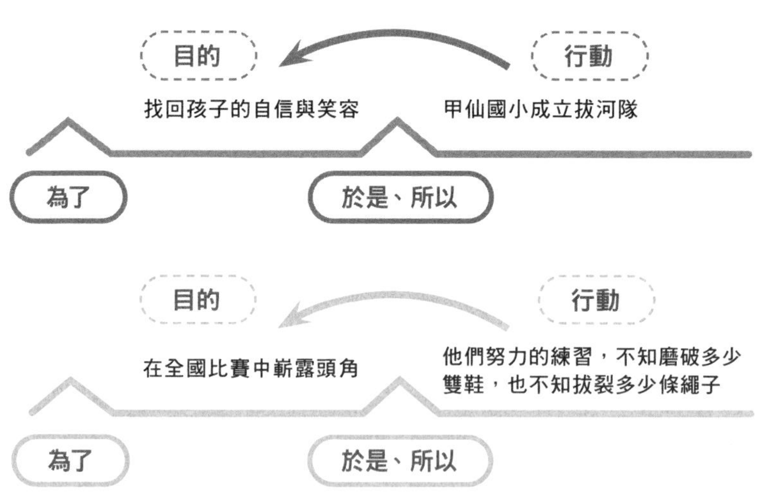

圖表4　完整的〈拔一條河〉「目的複句」拆解橋狀圖

道，學生滿意的收編目的複句裝進腦袋了。

更上一層樓的比喻句

目的複句讓學生理解句子有關聯，之後的討論就加快了腳步，更加進入情況。比喻句對學生來說是最熟悉的句型，加上比喻修辭的語句能讓人想像畫面而變得生動活潑。

> 當時，學校重建工程尚未完工，拔河隊員只能在河邊的攤販集中場裡，利用木板取代拔河道，穿著一般的運動鞋取代拔河鞋練習。每天，他們利用晨間活動、午休及放學後的時間練習，他們的膝蓋和手掌磨破了，只在傷口塗上藥水，用紗布包好後就繼續練習。長時間的練習，讓他們的手掌都長出厚繭，彷彿戴上隱形的手套。（第三段）

我讓學生思考串聯句子之間的橋梁語詞，除了「好像」這最熟悉的基本款，很快的，學生把各種連接詞都寫出來了。

「兩個事物有相同或相似點才能比擬，手掌因為長出繭變得厚厚的，手套也是厚厚的，這是兩者的相似之處。厚厚的手掌是要說明的主體（喻體），手套是比喻的依附（喻依），中間加上形成比喻的連接詞（喻詞）。」我邊說邊在白板上寫下來（見圖表5）。

「所以，『喻體、喻詞、喻依』就是比喻句的三要素。」學生說對了。

「『喻依』可以替換對吧？」我問。

學生被點通了，只要是跟長出厚繭的手掌有相似之處就可。

圖表5 〈拔一條河〉「比喻句」拆解橋狀圖

「長時間的練習，讓他們的手掌都長出厚繭，好比一張粗粗厚厚的砂紙。」

「長時間的練習，讓他們的手掌都長出厚繭，恰似一條用了很久、失去彈性的舊毛巾。」

學生想到美勞課用的砂紙和舊毛巾也是粗厚的感覺，對於比喻句的理解，可謂更上一層樓了。

還沒真實發生，假設而已

接下來看第四段的句型，學生更加踴躍的舉手發表及寫下串聯句子間的橋梁語詞，自信漸增。我仍提醒學生要讀讀看句子是否通順而且沒有更改語句原意。

為了在全國比賽中嶄露頭角，他們努力的練習，不知磨破多少雙鞋，也不知拔裂多少條繩子。練習時，教練常說：「你們要站穩腳步，慢慢的向後退，向後退一步，勝利就會向前進一步！」當教練平舉的雙手向下揮，他們的重心往後，雙手緊握拔河繩，齊聲喊著「一、二、殺……」，雙腳撐住拔河道，奮力的向後移動，就算跌倒了，也不輕易放手。（第四段）

「『跌倒』了嗎？」我問。

「沒有，是假設。」

「假設出現這種情況，會產生什麼結果？」

「不輕易放手。」

當我把句子間的關聯情形加上說明解釋，並且用箭頭表現先後順序（見圖表6），學生脫口

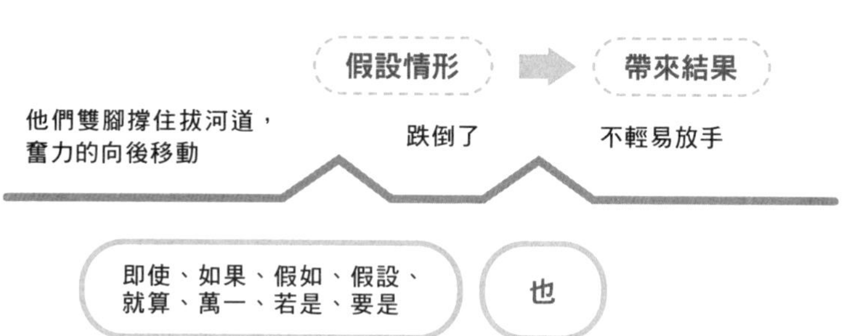

圖表6　〈拔一條河〉「假設複句」拆解橋狀圖

而出：「假設複句。」

正是，句型理解力大爆發啊！

為何用遞進，作者有想法

接下來是第六段的重要句型。

> 甲仙國小拔河隊在克難的環境中練習，他們從來不喊苦，也不放棄對拔河的熱愛。拔河讓他們找到盡情揮灑的舞臺，也獲得滿滿的掌聲，更找回往日的自信與笑容。（第六段）

我寫出句子後，學生輕而易舉的加上「也」和「更」（見下頁圖表 7）。

「拔河帶給甲仙國小學生哪些成就感？」我問。

「找到舞臺，獲得掌聲、找回自信與笑容。」

「這三項在程度上有無差別？」我再問。

學生說有，還畫了一個樓梯階梯，表示「找回往日的自信與笑容」是最高級。

「程度由淺到深，這是遞進複句。」我說。

這時，小齊說了：「拔河讓他們找到盡情揮灑的舞臺，也獲得滿滿的掌聲，也找回往日的自信與笑容。這樣讀起來同樣通順。」

「是通順沒錯，但程度上有無差異？」我問。

學生畫了兩組天平（A＝B）和（B＝C），又畫了三個鐘擺在同一水平線上，表現更改後的句子讓這三個項目在程度上變成一致，所以是「並列複句」。我讚嘆學生表現了正確的理解。

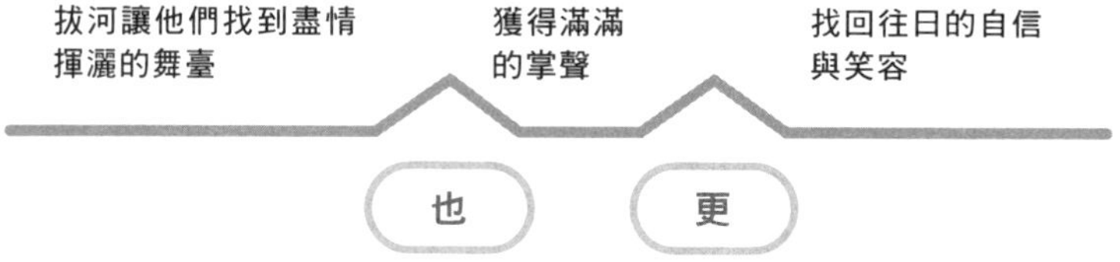

圖表7　〈拔一條河〉「遞進複句」拆解橋狀圖

「並列複句和遞進複句的關聯詞不同，意義就不一樣。在本課，應該用哪一個句型才能表現作者意旨？」學生愣住表示不知，我讓學生回到課文檢視，「想想，甲仙國小成立拔河隊的目的何在？」我給了個提示。

當學生回顧到第二段，看到方才討論過的目的複句：「為了找回孩子的自信與笑容，甲仙國小成立拔河隊，希望透過練習和比賽，讓他們平復災後的心情，找到精神的寄託。」學生便理解，成立拔河隊的初衷是希望找回孩子的自信與笑容。而參加比賽讓他們有揮灑的舞臺，因為有優異成績表現，所以獲得滿滿掌聲；有揮灑的舞臺和滿滿掌聲，更進一步找回了往日的自信與笑容，這便是課文中使用遞進複句的緣故。

這天，小文在小日記中寫著：「我學會了句子中間可以加什麼詞當橋梁，我的國語更進了一步。」

小磊寫著：「葉老師直接講重點，不講多餘的事情，老師會直接說到底有什麼祕訣，就是句子跟句子、段落跟段落有關聯。」

小綺寫著：「我本來不太會看句子，現在我知道看句子要找重點，而且句句有關聯，看懂句子真的很重要呢！」

親愛的孩子，過去蜀道難，難於上青天，因此有了一條天路就是半部中國史的說法。現在蜀道不難，上青天更是輕而易舉，天路不再血淚斑斑。掌握對的方法，暢通思考，你的學習之道可以輕鬆愉快，不必跋山涉水，可以改寫這兩句樂府詩為「語文不難，不難於上青天。」

我看到你因發現理解句型的趣味而露出微笑，句型造句寫得通情合理，也因讀懂句型而讓閱讀理解達陣，戲稱找到江湖一點訣，這好比砂石下面的泉水，愈掘得深泉水愈清。正如愛因斯坦說：「學習知識要善於思考、思考、再思考，我就是靠這個方法成為科學家。」你又想成為什麼呢？

04 會提問也能解答

五年級國語第一課〈拔一條河〉的初始讓學生試著提問，全班只問了個生澀的語詞「瘡痍」，藉著引導討論，學生知道了語詞不懂的解決之道。

對於「提問」能力的訓練我用心甚深，積累的教學經驗中使我深信，有提問力的學生才能激發深層思考，進而成為主動的學習者，學習將會產生質變。

問一個問題就好

隨著幾堂課進行了段落找主題句、摘段落大意和全文大意、語詞擴充和句型分析之後，學生已能理解課文內容。

但我知道，提問可以持續進行，這樣學生可以在課文的理解基礎之上，有更進一步的探究動機。因此，我還是要問學生：「課文你全讀懂了嗎？有沒有問題？」「好像有那麼一點問題，但說不上來。」學生誠實的表達感受。

「有fu是好事，不急，日後我們會多練習提問。就練習問一個問題吧！問一個問題就好，就課文試著問一個你感到困惑或是想深入了解的問題。」我拿出便利貼讓學生寫下提問。

學生時而翻翻國語課本，時而歪頭皺眉噘嘴呈思考樣，寫下問題後貼在大白板上，下課時大家可以上前看看彼此問了什麼問題。

我不批判學生的提問，只要問題出自課文，是真心困惑，是真實想問，歡迎說出來、寫下來。

我將全班二十四個問題整理成表單（見頁五八、五九，圖表8），看著學生敢問、會問，我欣見學生逐漸長出能力，和第一堂課的模樣已然不同。

每個人都拿到一張總表，學生必須把所有問題都看過，除了看見自己與他人的思考的內容，還要想想：「這些問題我懂嗎？」

如果不懂，表示同學恰巧幫忙提出你的疑問，那麼，就在題號後的小空格裡打個「×」；如果懂，就在小空格裡打「✓」。這麼做的目的在重新建構思考歷程並檢視自己的理解。

每個人的理解力不同，各自問題單上的勾勾叉叉不一樣，這都無妨。接著，我們便要透過全班討論來找解答。

從字面訊息開始著手

我叮嚀學生不評論問題優劣，透過討論群策群力，能體會解決問題有方法。「哪些問題可以在課文中得到線索以解答？」我問。這麼問的目的是希望學生能知道，促進閱讀理解的首要便是以文本為主，先看看文章中有沒有明確、明顯的訊息可幫助自己解惑。

學生檢視表單，挑選出編號5、7、16、17四個問題用螢光筆標示出來。

14	王〇嵐	風災的打擊，讓「每個人」失去往日的笑容，為了找回「孩子」的自信和笑容……，那為什麼只為「孩子」呢？
15	張〇臻	課本說：「用木板取代拔河道」，但當時災情嚴重，他們從哪裡拿來木板？
16	李〇羚	為什麼拔河隊員手掌長出厚繭，就好像戴上「隱形」的手套？
17	張〇予	在拔裂繩子時不會受傷嗎？
18	童〇甄	他們跌倒了也不放手，這樣不會讓整個隊伍往後倒嗎？
19	吳〇亘	為什麼甲仙國小拔河隊在全國大賽中獲得亞軍，全甲仙的鄉親會很開心（甚至熱淚盈眶）？
20	張〇典	為什麼鄉親們看著凱旋歸來的拔河隊員，感動得熱淚盈眶？
21	陳〇綺	獲得全國大賽亞軍之後，拔河隊有持續練習、繼續比賽嗎？
22	楊〇晴	拔河隊是因為學校尚未完工，才會在攤販集中場裡練習。如果學校已完工，他們在學校裡練習，會不會就得到全國大賽第一名？
23	柯〇文	全國大賽是民國幾年？
24	葉〇睿	學校尚未完工，那他們是怎麼上課的？

圖表 8 〈拔一條河〉學生提問表單

編號	理解	姓名	問題
1		劉〇圻	莫拉克颱風讓整個小鎮氣氛低迷，甲仙國小成立拔河隊為什麼有人想去？
2		徐〇鋑	為什麼甲仙國小要成立拔河隊？
3		謝〇亮	為什麼甲仙國小要成立拔河隊，而不是其他類型的隊伍？
4		彭〇齊	為什麼不成立羽球隊？
5		陳〇翔	為什麼成立拔河隊能讓孩子找回自信與笑容？
6		許〇萱	為什麼一定要成立拔河隊才能找回孩子的自信？
7		劉〇桀	為什麼要平復災後的心情就要成立拔河隊？
8		魏〇佑	我想知道，甲仙國小成立拔河隊是要找回孩子的自信與笑容，那不喜歡拔河的孩子呢？
9		林〇磊	成立拔河隊目的是要找回孩子的笑容，但是有些孩子不熱愛拔河，那他們還會因為什麼而笑？
10		顏〇涵	我想知道如果沒有莫拉克颱風，他們還會成立拔河隊嗎？
11		陳〇衣	如果沒有莫拉克颱風，應該也不會有拔河隊吧！是不是？
12		王〇心	我想知道如果沒有莫拉克颱風，還會有拔河隊嗎？
13		姜〇綸	為何木板可以取代拔河道？

我請提問人自己讀出問題內容，並且說出問題出自於課文第幾段，大家的目光要跟著走到該段並聆聽同學的聲音。

小瑜：「我的問題在第三段，為什麼拔河隊員手掌長出厚繭，就好像戴上『隱形』的手套？」

解答這個問題不難，我鼓勵學生能解答便舉手，用自己理解的話語幫忙解釋，很快便有不少人自信的將手舉起。

「拔河隊員的手掌練習到都磨破了，但只在傷口塗上藥水，用紗布包好後就繼續練習。傷口好了又破、破了又好，反反覆覆一直摩擦就長繭了，長繭之後手就變得厚厚的。手套也是厚厚的，這是比喻，所以長出繭的手看起來就像手套，但這不是真的手套，就說是隱形，好像戴上隱形的手套。」在小圻主述，其餘人補充協力下，問題解釋得清晰明白。

「這一題原本是打叉的人，若你理解了，便可改成打勾。之後的處理方式都是如此，我們要協力打怪，把叉變成勾。」我說。

能在文本中明顯找到線索以解答的問題，是屬於閱讀理解較低層次的問題，我在白板寫下：「閱讀理解第一步：注意字面訊息。」

這表示，當提出疑問時，要看看文句上是否有顯而易見的訊息直指答案，多讀幾次不難發現，答案就在眼前。

注意句子的關聯

「為什麼成立拔河隊能讓孩子找回自信與笑容？」

「為什麼要平復災後的心情就要成立拔河隊？」

接下來的這兩個問題相似，都出自第二段，可以放在一起討論。

雖然孩子們知道這是目的複句，甲仙國小成立拔河隊的目的是要找回孩子的自信與笑容，但顯然孩子們不理解的是，只要成立拔河隊就能達成這個目的嗎？

這讓我意識到有些學生的閱讀習慣尚有缺失，也就是沒有覺察到段落內的句子要讀完整，這會連帶牽動語意的表達完整性和句子間的緊密關聯。

於是我說：「讀句子要讀完整，大段落內的一連串語句至少要讀到句號才代表完整。」我請兩位提問人讀出第二段裡提問所在的完整語句。

「為了找回孩子的自信與笑容，甲仙國小成立拔河隊，希望透過練習和比賽，讓他們平復災後的心情，找到精神的寄託。」

才剛讀完，兩位提問的孩子就恍然大悟的說懂了：「成立拔河隊會有練習和比賽，這樣可以轉移注意力，漸漸平復心情，找到寄託，如果比賽有得名，也會找回自信與笑容。」太棒了，問題有解，學生再次驗證了我常說的金句「句子和句子間彼此有關聯」。

我在白板寫下：「閱讀理解第二步：注意段落內的句子關聯。」

注意段落的關聯

第四個是小予的問題，出自第四段：「在拔裂繩子時不會受傷嗎？」

「課文裡沒有明確提到拔裂繩子會受傷，這能不能推論？有前後的線索來支持嗎？」我問。

學生注意到第三段寫他們在練習時膝蓋和手掌都磨破，只在傷口塗藥水用紗布包紮，因此學生認為練習時拔裂繩子會受傷。學生也理解了段落不是獨立的，彼此是相關聯的，前面段落所述可以做為讀懂後續段落的基礎。

我在白板寫下：「閱讀理解第三步：注意段落之間的關聯。」

全文要能融會貫通

解決了四個問題，學生認為其餘的就無法從課文中提取線索了。

我指出編號19、20這兩個問題也能在課文中找線索解答。

「為什麼甲仙國小拔河隊在全國大賽中獲得亞軍，全甲仙的鄉親會很開心（甚至熱淚盈眶）？」

「為什麼鄉親們看著凱旋歸來的拔河隊員，感動得熱淚盈眶？」

這兩個提問從第五段產生，提問的小亘進一步說明，她不解的是參加拔河比賽的是學生又不是鄉親，為何鄉親如此激動？許多學生也紛紛附議。

「問題在鄉親，我們就來看看課文中哪裡也出現了對於『鄉親』的描寫？」我問，目的在於讓學生檢視課文關聯訊息。

學生讀出第一段：「莫拉克颱風重創高雄甲仙，甲仙人面臨絕望的深淵。」接著讀出第二段：「風災的打擊，讓每個人失去往日的笑容，低迷的氣氛瀰漫整個小鎮。」除了課文第五段，這兩處課文都提到了甲仙鄉親。

學生被點通了，理解受到風災打擊的不只是甲仙國小的學生，而是小鎮的所有居民。因此，當甲仙國小的孩子在刻苦環境中練習，要先取得市賽冠軍才能進軍全國大賽，又在全國大賽的激烈競爭中奪得佳績，不只拔河隊員受到鼓舞，甲仙鄉親情緒也跟著沸騰振奮。

學生舉一反三，馬上跟著推論：

「拔河隊一開始是在河邊攤販的集中場練習，鄉親一定有看到隊員們辛苦練習的樣子。」

「父母看到小孩受傷和手長繭的模樣，會知道孩子很投入練習和比賽，所以得到全國亞軍，大人也被感動了。」

太好了，問題解鎖。

「所以，必須將全篇文章融會貫通、前後串聯，解答就會出現在你眼前。」我說著，並在白板寫下：「閱讀理解第四步：全文融會貫通。」

課文線索不夠就去外面找

一步步帶著學生感受閱讀理解要從課文出發，解答了六個問題，但更多的是尚未解答的提問。我問：「還有許多問題無法在課文中找線索解答，課文夠不夠？不夠怎麼辦？」

「找資料。」學生說。

我盛讚學生太棒了，知道課文訊息不夠，就必須往外找資料，書籍雜誌資料或訪談資料或是網路搜尋等。不過，這蹲穩馬步的第一課我們已停留甚久，有點進度壓力，加上提問的能力並非一蹴可幾，所以我直接提供一篇剪報做為補充資料。

這是一篇標題為「師鐸獎熱血教師，陪學生找到成就感」的報導，刊登在《國語日報》民國一〇五年八月十五日第十六版的人物專欄，主角就是成立甲仙拔河隊的學務主任張永豪。

文章中張永豪主任分享自己的教育理念及甲仙國小成立拔河隊的初衷，並細數拔河隊從無到有的篳路藍縷，學生逆境奮起的企圖心造就出「一條繩拉起一個鄉」的品牌價值。

學生要閱讀文章並在相關訊息語句處標記題號，表示理解解答線索在此。全班提問的問題中，多數學生最納悶的是：為何成立的是拔河隊而不是其他社團？如果沒有莫拉克風災是否就不會有拔河隊？

報導文章中提到張永豪在實習教師期間開始接觸拔河運動，他非常喜歡拔河競賽帶來的熱血沸騰感，因此他在服務過的四所學校都推廣拔河運動，希望藉由訓練和競賽帶給學生自信以及成就感。

學生便知道了甲仙國小成立拔河隊的緣由，也可以推論就算沒有莫拉克風災，甲仙國小也會有拔河隊。

學生也好奇：「獲得全國大賽亞軍之後，拔河隊有持續練習、繼續比賽嗎？」

學生從報導文章讀出張永豪帶領學生在一〇三和一〇四年度全國拔河比賽獲得冠軍。於是，學生知道了，拔河隊之後仍持續不輟的練習及比賽。

此外，文章中也提到風災後拔河隊草創之初，師生面臨了設備不足的窘境，因此是在組合屋中上課。他們把繩子綁在樹幹上當拔河機，把握沒下雨的時間積極苦練，學生更加清晰了解拔河隊起步維艱及困境求生的面貌，所有提問的問題也迎刃而解了。

我的板書最後一行便寫下：「閱讀理解第五步：從課文到課外的探究。」一指著白板上的五步驟，我希望學生明白，在思考與討論過程，可以採取井然有序的步驟幫助自己對於問題取得合理的解釋和解答。這一張提問表單是一個從無到有的歷程，學生長出提問及思考解決問題的能力，感受了學習成長的大躍進。

親愛的孩子，一人一個問題，全班以二十四個問題串起學習的通天階梯。這趟從提問到探究解答的冒險歷程，老師以成熟讀者的身分示範我的思考模式，帶著你卸下不安而變得能問，也問得甚好；你步步體會閱讀理解的步驟，拾級而上，看見了讀懂之後高處的美好風光，我們一起成就，真好。

在教室裡的學習就是積累自己探究與發現的經驗，透過提問可以開啟自己的好奇世界。提問是學習的日常，是可以持續做的一件事，希望你持續以問問題的方式投入學習，再架起思考網絡，循序漸進、抽絲剝繭的解決問題，就像玩遊戲打怪一樣，練久了可以升級進化，你會打怪上癮的，真心不騙。

05 當一個真實讀者

學校每學期都會舉辦「與作家有約」的活動，邀請各類型作家到校分享創作理念或是歷程，當小朋友聆聽了作家的現身說法之後，不管是第一次展讀或是再次品味作家的作品，常能更有滋有味的投入閱讀並從中得到更多體會，這是因為讀者與作者有了交流。

學生看待國語課本的態度和課外閱讀是不太一樣的。學生多認為課外閱讀較吸引人，而國語課本是學習字詞與考試的讀本，儘管國語課本的文章是出自名家之手的一時之選，但要讓學生深入課文、喜愛課文、把課文印象貼印進骨子裡，需要老師的適切引導與妥切的提問教學設計。

揣摩想像，跨越時空

〈拔一條河〉做為五年級國語的開箱第一課，我要藉此奠定學生的學習態度與發展優質的學習模式，其中之一便是「當一個真實的讀者」。何謂真實的讀者？我的想望是學生身為讀者看待課文不再是冷冰冰的文章、死板板的生字語詞和沉甸甸的考試壓力，而是要理解課文、能與作者互動交流、體會作者書寫心意。

讀者與作者的互動交流理想模式是會面對談，例如簽書會或舉辦實體活動；然實際上無法常常這麼做，那麼學生讀者該如何與課文作者互動？那便是揣摩想像啊！想像力能跨越時空限制，可以達成最高層次的閱讀理解，也就是「理解作者欲表達的形式觀點」，這也是學生讀者在發展自我的閱讀理解監控。雖然學生不知道他的大腦正在進行這麼厲害的閱讀理解歷程，但學生能產生高階的閱讀理解力，繼之將熱切的動能延續至日後的學習之上。

我帶著學生在課堂上逐步建構起基礎閱讀理解的完整鷹架，還有一哩路便是與作者心神領會的交流，將閱讀理解的層次拉到最上位的思辨分析。

我持續以老師的有效提問促成學生讀者與課文作者的隱形交流。

來吧！對作者發問

「凡作者的書寫都有目的，試想，作者楊力州書寫〈拔一條河〉的目的是什麼？」我問。

學生一臉困惑，或許他們想著：「從生字到語詞到句型，從段落大意到全文大意到練習提問，老師總是不斷的拋出問題。課文都收尾了，怎麼還有問不完的問題？」從學生的表情我看得出來，他們也想著：「老師的問題總是偏難，真不知如何回答。」

提出難題不是壞事，可以刺激學生的深層思考。但是，學生不會回答時，表示老師對學生需要布置更多遷移性的提問，讓學生可以慢慢推進到主要問題的核心。

「要知道作者的書寫目的，最好的方式就是直接問作者。」我說。

「現在，問得到作者嗎？」我問。

學生搖頭說問不到。

「問不到怎麼辦？那就揣摩想像啊！」我激動熱烈的說。

「想想，楊力州的身分是什麼？」我繼續問。

「紀錄片導演。」

「紀錄片導演的職責是什麼？」

「記錄。」

「記錄什麼？」

「記錄值得記錄的人、事、物。」學生說，雖然這一句很像繞口令，但是學生找到重點了。

「那就對了，想像紀錄片導演楊力州就站在你面前，你直接問他吧！問他想記錄什麼？你會怎麼問？」我鼓勵學生直接說出問題。

「楊力州導演，我想請問，您為什麼要寫這篇文章？您寫這篇文章的目的是什麼？」學生說出了問題。

「再揣摩看看，想想楊力州導演會如何回答你？」我鼓勵學生換位思考，角色扮演也行。

「我是楊力州，我是紀錄片導演，我就想，莫拉克風災把甲仙搞得好慘哪！我希望拍出他們的故事、寫出他們的故事，我希望甲仙鄉親能夠勇敢挺過難關，不要被擊倒。」個性大方的小家跳出來為楊力州導演代言，說得精闢到位哪！

「老師，我們懂了，甲仙面臨風災重創，但甲仙國小拔河隊透過拔河找到往日的自信與笑容，也振奮鄉里，這個故事值得記錄。」

「楊力州導演把這個故事寫下來，希望鼓勵甲仙鄉親不要氣餒，要從挫敗中重新站起來。」學生說。

我忍不住豎起大拇指讚美，說得好極了。

作者書寫有目的

「課文所述是真實事件，我揣摩作者設定的閱讀對象有兩類，有文章裡的讀者與文章外的讀者。」我說，表現我的閱讀思考。

「文章裡的讀者就是甲仙國小學生和鄉親，對吧？」學生提出看法，我說是，也要他們再想想，文章之外的讀者會是誰？

「全臺灣的小學生都會讀到這篇課文，楊力州也很有名，應該全臺灣人民都會看到這篇文章。」學生說。

「很好，我們就歸類為全臺民眾吧！那麼，作者的書寫對全臺民眾又有何目的？」我的問題學生一時答不上來。

「繼續揣摩想像啊！如果楊力州導演就在眼前，你會怎麼問？」我猛敲邊鼓。

「楊力州導演，您希望全臺灣人民也能看到這篇文章或是看到您拍的紀錄片嗎？」學生問。

「楊力州會怎麼回答？」我問。

「我希望大家都能看到，因為臺灣這塊土地上有許多動人的故事，我希望大家更加認識臺灣這塊土地上的人、事、物。」

「甲仙曾經這麼慘都能重新站起來，以後任何人遇到困難也要想到甲仙國小拔河隊，學習他們的永不放棄。」學生說。

太棒了！我對學生報以掌聲。

接著，我在白板寫下歸納：

揣摩作者書寫〈拔一條河〉的目的

記錄——對甲仙民眾：支持與鼓勵

——對全臺民眾：感受動人故事、典範學習

至此，學生對課文的理解又向上提升一大步，體察了作者書寫的目的。

問到底會挖到金礦

「最後一個問題，也是極為重要的問題，回顧課文名稱『拔一條河』，Why？

明明寫的是拔河的事，為何是『拔一條河』？」我提出這個問題，如果學生能夠通透，這一課真的可以歡呼收割了。學生對我的提問無法立即回答，依舊需要深思，而我也不催促，找證據，想清楚，才能說明白。

「拔河與拔一條河一樣嗎？」我問。

「一樣，又不太一樣。」學生說。

「一樣的是都在講拔河的事，不一樣的是，欸……」學生語塞了。

「你認為哪一個課文名稱更能代表本課的意旨？『拔河』還是『拔一條河』？」

我問學生。

「拔一條河。」學生的異口同聲表示無庸置疑。

「那麼，反覆閱讀課文，在文本中找線索吧！還有，盡可能拋出你們的觀點，不用怕說錯。身為一個讀者，要致力提升自己、邁向優質讀者，願意思考、能夠提出自己的觀點就是優讀者。」我振臂疾呼，為學生加油打氣。

漸漸的，學生的聲音自信響了起來。

「拔就是拉拔，莫拉克颱風之後甲仙人面臨絕望的深淵，要把大家從深淵拉起來的意思。」

「河很長，拔一條河表現了甲仙人從絕望到振作的一段長長歷程。」

「我認為是呼應拔河隊在草創時期的練習地點，那個時候他們在河邊的攤販集中場練習。」

「我認為是拔河道的象徵，拔河隊在拔河道上努力著，拔河道非常的長，也像一條河。」

我驚喜於學生在課程收尾綻放的思考煙火，如此明亮清晰、閃耀動人。我們在課文初始的渾沌夜空摸索著，星星點點最終匯聚燦爛耀眼，也如同挖到金礦般的歡喜。當孩子真的讀懂〈拔一條河〉，便真正了解作者的心意，也更深切感受甲仙國小拔河隊從挫折中站起的不易與堅強。這一課，大豐收了。

親愛的孩子，喜歡一個科目最好的方法是融入其中，不要只以考試的投資報酬率來評斷學習。老師的提問是一顆顆拋出去的球，你要不害怕的穩穩接住。每一本書、每一篇課文都有作者想表達的觀點，閱讀中理當要去揣摩體會作者的想法，才能感同身受。讀著每個篇章，你是讀者的角色，身為讀者，你也必須形成自己的觀點，才不辜負你所成為的角色。

如何體會作者意旨同時表現你的自我觀點，最好的方式是與作者交流對話。韓劇裡擅長穿越，你的揣摩想像能帶你穿越到與作者面對面的時空，便能與作者有往來對談。問得多、問得深，將讓你發現國語課文的精采豐富。若能做到這一步，你將從中得到新的學習切入點，學習高度更是視野遼闊啊！

06 順水推舟的寫作

問學生喜歡寫作嗎？無一舉手。

問學生自認會寫作嗎？都說不會。

問學生害怕寫作嗎？全都舉手了。

再問害怕原因為何？說沒有靈感、說不知道怎麼寫、說想到就怕、說寫作很麻煩、說自己腦袋空空……

「只要你會說話，你就能寫作。」

對於我的鼓勵之詞，學生面露懷疑之色。

「做個實驗就知道。」我發出邀請：「第一課寫作就上手。」

課文裡有寫作種子

要克服學生對寫作的排斥與恐懼，便是要創造學生的成功經驗，有了成功的經驗，學生也就能慢慢消除自己不是寫作好手的疑慮。但過程還是需要老師的教學設計與適切引導，才有可能在寫作沙漠中挖掘湧泉綠洲。

關於寫作，我的想法很簡單：課文裡一定有寫作種子，有的顯而易見、有的深埋其中，老師多點敏感度發掘寫作亮點，讓學生隨著課文進行內容深究和形式深究進而對課文有感之後，便能搭著課文便車寫作，這是順水推舟再輕易不過的事。老話一句，方法對了，師生可以同時享受成功的經驗。

拔河隊勇奪高雄市拔河賽冠軍後，取得代表權參加全國大賽，經過好幾場龍爭虎鬥，終於獲得亞軍的好成績。當他們凱旋返校的那一天，甲仙大橋的橋頭人聲鼎沸，到處都是歡迎的鄉親和家長，道路兩旁早已擺滿各

式各樣的鞭炮，所有人高舉標語和海報，準備迎接拔河隊員。當車子緩緩進入甲仙大橋時，鞭炮聲和歡呼聲此起彼落。鄉親們看著凱旋歸來的拔河隊員，感動得熱淚盈眶。（第五段）

第一課〈拔一條河〉課文第五段寫道：「拔河隊經過好幾場龍爭虎鬥，終於獲得亞軍的好成績。」此處以略寫的手法，蜻蜓點水一句話帶過全國大賽的畫面。既然是龍爭虎鬥，就表示相當精采，錯過太可惜；既然我們前面幾堂課對課文著墨甚深，學生能理解甲仙國小拔河隊一路走來的不易與辛苦，把這場龍爭虎鬥寫下來表現拔河隊的毅力精神，這也是水到渠成之事。於是，第一課，就寫作。

初看，看情節

「想不想觀賞全國大賽，感受那龍爭虎鬥的精采？」學生當然點頭如搗蒜。

「就來看吧！」歡呼聲四起。

課文敘述甲仙國小獲得亞軍好成績的這一場是男子組的比賽，在「拔一條河」的紀錄片中有這一段畫面。寫作規劃中，我讓學生就聚焦在這一場比賽，紀錄片的觀看也僅這一場比賽，約莫三分多鐘的片段。

猜想學生一定好奇比賽情形，充滿期待。影片預計看兩次，第一回合就讓學生無壓力欣賞，不急著拋任務，我稱之為「看情節」。

影片欣賞開始於甲仙國小男子組隊伍進入比賽場地，人人面露緊張神色，檢錄之後隨即上場，對手是勁敵鳳鳴國小，連著兩場甲仙國小雖將士用命但仍難力挽狂瀾，最後獲得亞軍。頒獎之後，甲仙國小隊伍步出會場。

看完這段影片，我們要討論出寫作的基本架構。

「寫這一場龍爭虎鬥適合以什麼樣的文體表現內容？」我問。

「記敘文。」

「寫作手法以第幾人稱敘寫？」

「第三人稱。」

「很好，我們以旁觀者第三人稱的方式發展這個敘事寫作。」學生確立了文章的體例和寫作者的角色。

架構寫作骨架

我在白板上畫出泡泡圖（Bubble Map），這是記敘文的基礎框架，學生知道隨後要發展記敘文的五大要素：人、事、時、地、物。

「這一場龍爭虎鬥中的人物，有誰？」我問。

「甲仙國小拔河隊、鳳鳴國小拔河隊、教練、裁判、甲仙鄉親加油團。」

「時間呢？」

「我們不知道時間。」學生很可愛，總以為要有明確年、月、日才稱作時間。

「我也不知道確切時間啊！但你知道這天是什麼日子吧？」

「全國大賽這一天。」

「賓果，就是全國大賽這一天。」我邊說邊寫。

「地點呢？」

「老師，我們不知道這是哪裡？」

「我也不知道哇！但你看到比賽的場地在哪裡了吧？」

「體育館。」

「那就對了！」我在地點位置寫下體育館。

「有特別的『物』嗎？」我問。

「有，拔河繩。」

「事情呢？主要事件是什麼？」

「拔河比賽的全國大賽。」

「事件有開始，經過與結果，以這場冠亞軍賽來說，我們可以區分為比賽前、比賽中、比賽後的流程。」我說。

「就是要用順敘法來寫。」學生舉一反三。

於是，我們便將「怎麼寫」以圖像系統化，也就是將記敘文的架構，一一書寫在白板上（見圖表9）。

再看，看細節

接著要進行第二次影片觀賞，這次的任務是要蒐集寫作材料。

「一場比賽，哪些感官會有強烈感受？」

「視覺，眼睛看到的。」

的確，五感以視覺最優先。

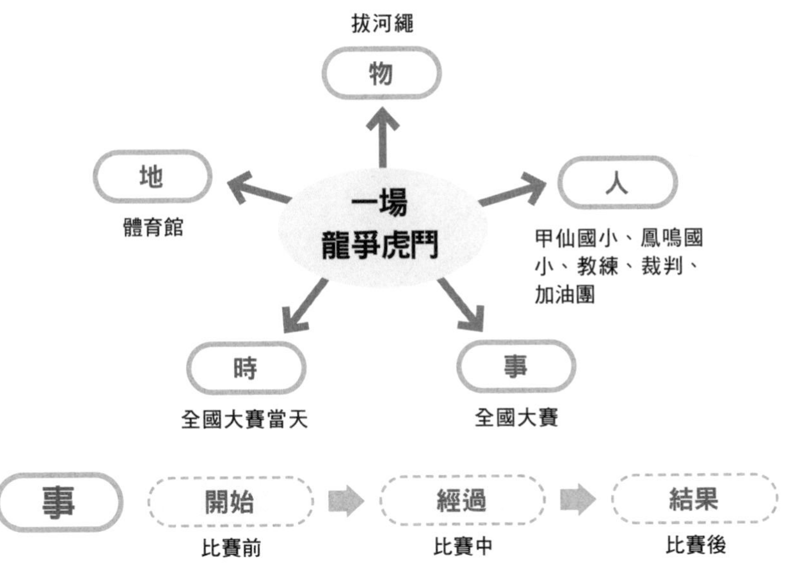

圖表9　全國拔河大賽冠、亞軍賽寫作架構圖——怎麼寫

「還有呢？」

「聽覺！」沒錯，比賽現場的人聲鼎沸讓聽覺感官受刺激。

「那麼，再次觀賞影片就以視覺感官和聽覺感官蒐集寫作材料，把細節看清楚、聽出來。」

學生依舊被雙方運動員的熱血震撼，更加聚精會神觀看。

影片看過第二次，這次討論要聚焦在「寫什麼」，也就是發展內容。

「寫一場龍爭虎鬥，寫什麼？」

「寫看到的和聽到的。」

「你看到什麼？既然是龍爭虎鬥，龍和虎都很厲害，『爭、鬥』是什麼語詞？（學生說動詞），那就強化動作，同時，動作牽動表情，你們要把動作、表情看出來。」我說。

「請問，眼睛的看能不能看進一個人的內心？」我問。

「可以。」

「那就說說你看到的人物表情、動作和內在。」

於是，學生說出他們所看到的：

「他們表情很緊張耶，一直在深呼吸。」

「還有喝了一點水。」

「我看他們很不安，沒有人在笑，大家都很嚴肅。」

「所以看得出來他們的心情忐忑——」我順勢把學生的發表引導至形容詞或成語形式。

「忐忑不安。」學生接著說。

「七上——」我問。

「七上八下。」學生回。

「比賽的時候，加油團一直喊『加油、加油！』」學生也說出聽覺感受。

「喊得大聲賣力嗎？」我問。

「很大聲啊！」

「把動作、表情、聲響都形容一下。」我說。

「加油團拉布條，張開嘴巴大聲的喊。」「這樣生動多了，也就是加油聲響徹——」「響徹雲霄！」「不過甲仙國小輸了，大家都很難過。」「有人好像還流下眼淚。」學生紛紛發表意見。

「隊員暗自啜泣這一幕讓人印象深刻啊！」我說。

在學生你一言、我一語中，我也同步把他們發表的重點語詞寫在白板上，這就形成了一面「供料寫作牆」（見下頁圖表10）。

說什麼就寫什麼

「有相信我一開始說的話了嗎？我說你會說話就能寫作。」

「好像可以這樣耶！把討論時說的寫下來。」

「你說的話是你的觀察和思考，你在說話時要傾聽自己說什麼，也要聆聽別人說什麼，而後，你說什麼就寫什麼。」我說。

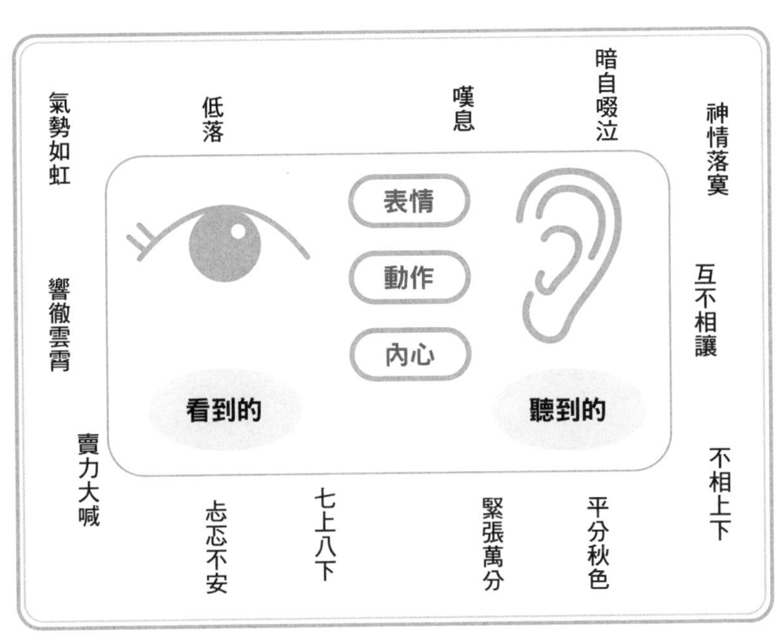

圖表 10　**師生共同激盪的供料寫作牆——寫什麼**

「不過，說，終究是比較輕鬆的；寫，需要潤飾，把說轉成寫的文字方式，這就是寫作了。不難，對吧？」我鼓勵的說著。

我可以想像熱切的討論之後，學生書寫時仍缺乏自信，或聲稱忘記討論了什麼，因而下筆維艱，所以讓學生使用提供材料布局謀篇，不失為有效教學的展現。重要的是，供料不是老師單方面灌輸或規定學生寫作樣板，而是來自師生間的對話激盪，師生共構，雖文無定法但也能掌握主題，言之有序又有物。

學生寫作時抬頭便可見白板上的供料架構及詞庫，討論畫面會重新回到腦海裡，書寫也就應運而生。

寫作開始了，人人投入其中。我看著學生振筆疾書，下筆不能自休，不管文長文短，這一場冠亞軍拔河賽躍然紙上，為課文做了恰如其分的延伸，也為自己創造一次愉悅的寫作經驗。

學生習作

甲鳴之戰

（葉〇睿）

終於來到了全國大賽這一天，甲仙國小和鳳鳴國小兩隊的心情都忐忑不安，甲仙國小隊員緊張得七上八下，就連觀眾們也是緊張萬分，今天就是甲仙國小好好表現的一個機會啊！一場不相上下的比賽即將開始了。

選手上場了，裁判的手向下一揮，「嘩」一聲，兩隊隊員齊聲喊著：「一二殺……」的口號，觀眾席的人也賣力大喊：「甲仙加油……」，不停的喊著。

當時體育館人聲鼎沸，這個場面真壯觀。甲仙國小氣勢如虹，鳳鳴國小也不輸甲仙，他們用盡力氣努力的拔、用力的拉，甲仙的隊員咬緊牙根努力撐住，但一個重心不穩，跌了一跤，鳳鳴當然不會放過這個機會，甲仙國小沒有頂住鳳鳴國小的奮力一擊，第一場比賽鳳鳴國小取得優勢。

第二場比賽開始了。甲仙知道鳳鳴已經聽牌了，所以絕對不能再失誤了。兩隊不約而同將身體向後，雙手牢牢的握住拔河繩，大家實力不相上下，加油團又開始大喊：「甲仙加油！」這次甲仙國小有比第一場撐得還要久，可惜最後輸了。

甲仙的隊員垂頭喪氣坐回座位上等待頒獎，他們的代表神情落寞的拿著第二名獎盃，有人嘆息，也有人暗自啜泣，大家的心情非常低落，最後他們默默的離開了。

親愛的孩子，在〈拔一條河〉你讀到甲仙拔河隊堅持不懈的歷程故事，這一課做為升上高年級的國語第一課別具意義。這一課一路走來，我們也拔了一條河，這一條河是從疫情後回歸校園重整學習的歷程。

你看到拔河的基礎姿勢是馬步蹲低穩固重心，學習也是如此。從課文初始到以寫作收束，人人都精采完成第一課的表現任務。原來你只是「聽說」寫作很困難，原來你只是想像寫作是一隻噴火怪獸會吞噬你，原來愈是害怕愈要勇敢面對，揭開讓你害怕的因子，披荊斬棘後坦途就在眼前開展。因此，寫作何難之有，人人都能寫，能說就能寫，五年級第一課寫作就上手，我相信日後的你也將潛力無窮。

07 教室裡的幸福感與責任感

在小學現場，學生多被要求完成相同的團體任務，例如一致的家庭作業內容。團體生活的奠基無可厚非，但是我認為學生隨著年齡漸長、年級漸升，應該要對於學習以及行動有所想法與主張，才不會總是被動等待師長的規定，自我思考毫無成長。

寫作業常常是學生討厭上學的原因之一，不過多數學生都是認分認命的，認為寫作業是學生的本分，因此再怎麼不喜歡寫作業也會努力把這件事做好。

但我思考的是，寫作業可以有彈性，也是學生需要好好為自己想過再去執行的學習歷程。

可以少寫一點作業嗎？

語文作業通常有生字語詞本，其中基本的項目是國字以及詞語的習寫。開學之初，我便想和五年級學生討論「寫作業」這件事情。

「如果你想少寫一點作業，敢不敢講出來？」我問。

學生的靜默應該就是回答了，應該壓根沒想過作業可以「討價還價」，現在竟然是老師主動提出來讓大家少做一點活的。

「你或許心裡想著：『哪有那麼好康的事？』就是有。」我說。

「老師，你有陰謀嗎？」學生試探性的問我。

「是有。」我不否認。

「老師，你想偷懶少改一點作業是嗎？」學生說。

「你想太多了，改作業對我不是難事，我可是改作業高手與快手。我只是想唱一首歌『只要你長大，只要你長大』。」我高歌兩句讓班級氣氛輕鬆不少，學生開始展露出對我所提的「作業減量」話題的興趣，更想知道我的葫蘆裡賣些什麼藥。

我請學生拿出生字語詞本，共有甲、乙兩本，甲本是單數課次，乙本是雙數課次，方便替換寫。

高年級每一課的生字量仍多，學生數了數，每一課生字量幾乎都是二十個字上下，每一行生字有六個空格，要習寫六次。生字習寫之後是詞語習寫，約是練習寫兩次到三次的分量。

「過往在中、低年級這些生字、語詞都是全部要寫完，對吧？」我問。

學生毫無疑問說：「對！」

「升上高年級，這些生字、語詞分量有增無減，你想全部寫完嗎？需要全部寫完嗎？」我問。

「不想寫完啊！其實有些我們都已經會了。」學生說。

的確，識字是低年級的教學重點，漸次走到中、高年級便會讓出主要地位，何況在中、低年級的語文教學中，老師也致力發展學生認字識字的學習策略，國字習寫對高年級學生而言，應是走向自學的目標。

「我放學還要去補習，所以回家作業都寫到很晚。」「一直寫、一直寫有時候很煩。」學生表露真實感受。

「你們的意見和我的想法不謀而合，我就是想著，如果已經會了，其實不用機械式的一直抄寫。而且，高年級的你們應該做自己學習的主人，對於寫作業這件事可以有自己的想法和安排。」我說。

「老師，你的意思是說會寫的字就可以不用寫了，那我全部都會寫就可以全部不用寫囉！」機靈的孩子眼睛都亮了起來。

我要學生別急，也不要曲解我的意思。

我讓大家先想想，作業的用意為何？雖然有的人哀怨說著作業是讓小孩回家有事可做、是約束玩樂時間的殺手，但眾人同意作業是課後的即時練習，是持續學習的內容，目的在檢測及提升學習成效。

「我知道有些人課後還要補習或上才藝課很忙，也知道你在學校上了一天的課回到家之後有點累了。所以，你想不想節縮寫作業的時間，多出的時間可以做自己喜歡的事，休息也行，而不是花大把大把的時間寫作業？」我問。

「當然想啊！」從學生這麼一致又響亮的回答，我感覺到大家的渴望強烈。

「那麼，我想邀請大家來討論一下生字語詞本的作業模式。」我用「邀請」二字，表示我將學生視為成熟的學習者，可以為自己的學習提出想法。

作業減量不減價值

「語詞本都買了，基本上還是要寫，總不好全部空白。這點大家都能接受，對吧？」學生點頭同意了我的提議。

「寫多少？」我問。

大家七嘴八舌討論著，最後得出結論，寫一半，至少寫一半。也就是每個生字原本應要寫六次，但作業減量下，至少寫三次，而語詞則至少寫一次。這是學生自行討論後的決議，之後執行就會心甘情願。

「雖說減少了國字語詞作業，不過其實作業量多寡還是可以『客製化』，你應該為自己量身訂做。」我說。

學生知道蛋糕口味可以客製化，倒是好奇作業要如何客製。

「這個字我認得、我會寫，寫個三次練習練習確認會寫就夠了，那個字我不熟悉，我就寫四次、五次，或是整行寫完讓自己加深印象，進而記住學會。重點不在寫幾次，而在理解自己是否真的會了。」我說。

「老師，是『需要寫幾次』，而不是『想要寫三次』，對不對？」我稱讚學生靈巧，知道寫作業要保持彈性，考慮自己的需求，就算減量了也不是求一致就好。

延遲下筆、收穫成功

討論了「寫多少」之後，重點之二是要讓學生想想「怎麼寫」才是真正的學習。

觀察學生寫作業是件有趣的事，常見學生翻開語詞本見到方格子就像按下機器開關鈕，機械化的在簿本上依樣畫葫蘆寫下國字和注音，想都不多想，單純執行著「寫」這個動作。

我先在白板寫下：「工欲善其事，必先利其器。」指著這句老生常談的諺語問學生是為何意。學生說工匠若是想要把工作做好，工具一定要精良，例如砍柴的樵夫要有好斧頭（童話故事靈感），日本料理師傅要有一把好的刀等。大家舉一反三的說要寫好功課就要把文具準備好，鉛筆削好、削尖，橡皮擦、墊板等備齊。

學生說得有條有理，但我說這是基礎的理解，身為學生，學習的重要工具就是大腦。開發大腦、訓練腦力可以讓學習更加順利。

我在白板上又寫下四個大字「先識後寫」，要學生大聲讀出來。

「看到語詞本裡的國字方格子裡有十字虛線嗎？我們稱為十字格。」學生把目光移到桌上的簿本。

「十字格有作用，是要讓你觀察的。有本暢銷書叫《先別急著吃棉花糖》，我要說的是『先別急著寫字』」。

學生被我這麼一說，都露出狐疑神情，問著：「棉花糖和寫字有什麼關係？」

「老師，你不是希望我們節縮寫作業時間，好去安排自己的事，為什麼又要我們別急著寫字？」

我簡單說了「棉花糖實驗」，解釋成功與失敗不在於資質和努力工作的程度，而是能否擁有「延遲享樂」的能力。我將之類推到寫作業這件事來看，想要感受高品質的作業完成成就感，不在於寫的速度快慢，而在能否擁有「延遲下筆、先識後寫」的本事。

好好認識這個字

「下筆寫字之前要先觀察，好好認識你要寫的這個字。」我細細拆解說明。

「先看看這個字的長相如何？是獨體字還是合體字？」我將大屏螢幕定位在國語第一課的電子書生字頁面，學生抬頭可見。

「若是合體字再想想結構如何？是左右部件、上下部件，部首半包或全包、文或是三併字？」我以提問不斷刺激學生思考。

「接下來，比例如何？左窄右寬或上長下短還是均分？這時十字格作用就看出來了，它展現出生字整體與局部筆畫的位置所在。」

「喔！原來如此。」學生恍然大悟的回應我。

「最後，再多看一眼，這個字在十字格裡面，起筆和收筆的位置在哪裡？好好觀察一下，先識後寫，你下的功夫會帶給你成功的回饋。」我說完也邀請學生發表自己的看法。

學生說有「被刺激到」的感覺，寫作業這件看似簡單的事，原來也不簡單，我說的話是大家之前未曾想過的。我說這是當頭棒喝，也是醍醐灌頂，目的要人人思考自己的學習該是什麼模樣。

不過，福利在前，義務也要兼顧。

我也和孩子們談好檢核及驗收，寫得少也要寫得好。若是得了「乙級」等第或是期中、期末評量落到八十分之後（學生自訂的成績規準），表示必須有更多的練習，那就要完成簿本裡制定的習寫數量。

「作業減量後，習寫格只寫一半還剩一半，空白欄位可以如何利用？」我問。

「這樣訂正和考前複習就有空白的格子可以寫。」學生肯定的說著。

太好了，學生開始學習規劃自己的作業安排，那麼老師的適度放手價值無限。

下課可以寫作業嗎？

「老師，下課可以寫作業嗎？」以為就要結束討論時，有學生提出問題。

「很高興你們敢問問題、敢表達。」我先肯定學生提問的勇氣，再請大家發表對「下課寫作業」這件事的看法。

低年級及中年級時，老師不讓學生在下課寫作業，一方面是一堂課已經在教室端坐四十分鐘了，下課應該到戶外活動筋骨及望遠凝視，讓身心休息放鬆，好預備下一堂四十分鐘的課到來，二來家庭作業的意義是希望學生在家能養成固定學習作息的好習慣。

此外，學生十分在意「公平性」，若有人在課堂上或下課時提前寫作業，其他同學會以「偷寫」視之，還會忿忿不平的報告老師，希望老師秉公處理，除了要把寫好的部分擦掉，更有甚者希望偷寫的人得到處罰。

這些小學生專屬心事自古有之，但我認為規範之下還是有彈性空間。

「你們對『下課寫作業』有需求嗎？」我問。

多數學生都舉手了。原因不外升上高年級作業量增加，參與的學生社團及校園服務工作也較多，課後補習及才藝課有增無減，回到家時間已晚、身心已疲累，如果可以在學校先完成一部分作業，放學後身心壓力能減輕些。

我本就覺得教育不該僵化，也不希望學生在老師一個口令、一個動作的指定與監督下無感成長，我更認為高年級學生應有時間管理的想法與實際作為。

「每個人需求不同，你們可以視當天自己放學後活動多寡，安排規劃在學校裡的時間應用，合理範圍內我都可以接受。」學生對我的「大恩大德」歡呼起來。

最後大家決議，下課盡量要休息，有需要利用下課時間先寫作業的人，不應求快而亂寫，也不要在同學間炫耀自己已經進度超前；如果有人總是在下課時間寫作業，老師應該和他談一談；午休時間不能寫作業，因為燈光不夠亮（我們班會關閉一半電燈）。

談好了，皆大歡喜，執行有了明確方向。

我問學生有沒有感覺到升上高年級帶來了「幸福感」？也就是學習為自己做決定，形成自己的想法，在過程中逐步探索及修正，這就是「長大」的感覺，如此才不枉「高年級」的稱號。學生的微笑就是答案了。

親愛的孩子，有個名詞叫「職場幸福感」，代表的是完成某件工作所獲得的快樂，是我們對自己所做的事情感受良好並在實踐承諾時會產生的美好情感。同樣的，老師也在努力營造「教室幸福感」，並同步建立你的責任感，或許你不熱愛學習的每個部分，但它不應該讓你經常感到痛苦。

家庭作業不是約束的手段，也不是製造你的學習焦慮的絆腳石。作業的目的不是讓你在一遍遍抄寫中對學習厭煩，作業是學習過程的一環，是你必須承擔的任務，你是作業的主人，是自我學習的主宰，勝過師長的指定與命令。

老師不要你做個乖乖聽話、毫無自我主張的孩子；也不希望你順著大人的思考邏輯校正自己的思考邏輯。所以我們透過討論對話拿掉標準，收起齊一做法，開啟思考迴路。因為，你必須是自己學習的真實主人，合理感受自己是快樂學生，走進幸福教室，為形塑出獨立態度和自我承諾的美好模樣而努力。

08 開學第一天就晨讀

一一〇學年度接任五年級級任導師，之前好長一段時間持續擔任中年級及低年級導師，再度回任高年級導師我沒有惶恐，反倒有種新鮮感以及磨刀霍霍迎向挑戰的雀躍感。

有些老師視帶高年級為畏途，覺得高年級學生不再可愛，邁向青春期的孩子難以捉摸。

我自己倒是樂觀看待，既來之則安之，教學做足準備，班級經營持續以閱讀穩定孩子身心，抓準學生身心發展特質引導之，帶領高年級亦有樂趣之處。於是，高年級，我來了！

以閱讀經營班級是我的信念，兩年一輪的班級更替也在實作中累積經驗，我深知閱讀習慣養成對孩子個人及整體班級經營有大利多，因此，新的學年新的班級，我持續以晨讀建立班級有品文化。

二〇二一年八月三十日是教育史上值得記上一筆的日子。COVID-19疫情肆虐下，各級學校從五月十九日展開遠距上課再無縫接軌暑假，這是學生離開學校三個多月後返校開啟新學期的第一天。開學前我已將教室建置妥善、清潔消毒完畢，期待學生「強勢回歸」。

開學第一天的早自習做什麼？當然是閱讀。閱讀習慣建立慎於始，開學第一天就是黃道吉日，洞燭機先，晨讀即刻開張，讓「好的開始」鋪墊成功的未來。

能夠恢復實體上課的日常令人珍惜，我自是滿心歡喜迎接學生。不過，開學的第一天，我先收拾起平日慣有的熱情，保留一點神祕感。

五年級是新編班，全新的班級，我對學生的所知有限，學生就算在校園中見過我，但不熟悉。我早早到學校，開啟門窗通風，搬張椅子坐在教室前正中間的「C位」，打開少年小說《寫給媽媽的深夜日記》看了起來，好整以暇等著孩子進門。

早鳥第一位到了，彼此陌生的臉孔，儘管口罩遮住大半臉龐，仍可從眼神和肢體感受到他的些微不安與靦腆。我詢問過名字之後，對孩子說：「找個喜歡的位子坐下來，到班級書櫃選一本書來看。」

他見我沒有熱情招呼，就聽從指示選了本書坐下來翻看。

接著，第二個學生來了，我說著同樣的話：「找個喜歡的位子坐下來，到班級書櫃選一本書來看。」

孩子看看第一位同學，再看看我將手比向書櫃，便也照做。

有趣的事情發生了。隨後踏進教室的人，看見我坐在教室前閱讀，又見已到的人捧書閱讀並微微拉下口罩用氣聲和嘴型說著：「自己找位子。」再用手微指班級書櫃，表示去拿書閱讀。大家都懂，一個接一個的、井然有序的，找位子、放置書包和學用品、取書、閱讀、安靜的。

於是，開學首日，我的班級晨讀就開始了，一早教室便安安靜靜了。

待全班到齊之後，我闔上書本站起來，慎重其事的說：「各位同學，今天是開學的第一天，校園熱鬧非凡，你聽聽外頭盡是久違重逢的問候分享，或是重返校園的喜悅喧鬧。可是我們班，這個新班級五年一班可以在眾聲喧譁中，不受影響的安靜閱讀，開學第一天就閱讀，可見得這是個優質的班級，水準之上。」我字字句句清楚說著。

「可見得中年級老師幫你們打下好的基礎，更可知道父母把你們教得很好，開學第一天就安靜閱讀，讓我刮目相看，老師很榮幸帶到這個班級。」我一邊說著，一邊觀察孩子們的神情姿態。感受了我的肯定，他們卸下緊繃的謹慎和陌生，漸漸柔和了線條，舒緩了肩頸。

我繼續說著：「開學第一天就晨讀，這是高年級的水準表現，甚至超越了六年級。明天也是一樣，到校進班第一件事就是閱讀，靜下心來用閱讀開啟一天的學習生活。今天如此，明日也是，後天亦如是，往後的每一天都一樣，直到六年級畢業的那一天。」

不急著收暑假作業，不急著安排座位，不急著認識新同學、新老師，但急著讓孩子知曉我對於閱讀的信念與做法。於是，晨間閱讀的基礎在開學第一天穩穩打下地樁，我們共同收穫一個豐碩美好的晨讀早晨。

每一天都晨讀

第二天，我早早到校進班，瑣碎班務先放一邊，捧書端坐教室正中間，如同昨日，以老師的閱讀示範姿態，迎接進門的學生，學生已然知曉該做些什麼，回應我閱讀樣貌，晨讀自然產生。

開學第一週百廢待興或興奮新鮮，校園尤其熱鬧滾滾。鐘聲響起，學生該起身打掃前，我這麼對他們說：「開學的第二天我們不受外頭紛擾聲響影響，仍然以安靜閱讀展開一天的學習，超高水準表現，老師從昨日歡喜到今天，因為帶到一個優質班級等同中樂透。」

第三天我班晨讀依舊，此時，我請了幾位學生分別到中年級及高年級走廊外觀察各班在做些什麼？

探查小組回到班級後報告：「有的班級在抄聯絡簿，有的人在看書，也有些人在講話或走動。」

「有的班級趁老師還沒來在聊天講話，有的人在發呆。」

「有班級在交作業，有人在抄聯絡簿，有人在閱讀，有人在聊天。」

「哪個班級最安靜？」我問。

「我們班。」探查小組成員一致回答。

「哪個班級長出來的樣子最好看？」我再問。

「我們班。」探查小組成員異口同聲。

「我們班在做什麼？」我又問。

「在閱讀！」孩子們的回答口氣堅定。

「優秀的班級，了不起的你們，水準之上！雖然這句話老師已經連講三天，但我真心欣賞你們靜心晨讀的優異表現，太開心接到這一班了！謝謝同學！」我說。

對照其他班級並非要和別班分出高下或評論其他老師是否重視閱讀，我知道老師們對閱讀各有方法經營。我想把握的是「慎始」，我深知閱讀的作用逆天大，我應用了心理學上的「畢馬龍效應」（Pygmalion Effect），以言語強化我對學生的期望，而學生的表現也將會相對增強，完成自我實現的預言。於是，我的班級晨讀就這樣輕鬆建立了。

親愛的孩子，我對你的讚賞之詞不是灌迷湯，更非巧言令色的違心之論，是我真真實實對你的欣賞與肯定，希望你知道自己所處是一個優質班級，日後長出來的樣子都是優秀的。每天晨讀吧！讓教室一早的風景就美麗，靜心閱讀真實而美好。

09

我高年級，我讀童話

新學期五年級新班級、新氣象，我在教室圖書櫃放置了一套一百二十冊的「世界童話精選」。是的，我準備讓高年級學生讀童話。

暑假時我在學校圖書館尋覓書籍，預備建置班級多元視角的閱讀內容，我瞥見角落有整套壯觀的「世界童話精選」，都還未編錄書碼呢！原來是某位畢業生家長捐贈的，說當初買了童話套書冀望孩子悠遊書海，沒想到孩子興趣缺缺。後來孩子畢業了，與其將書束之高閣，不如送給學校嘉惠學弟妹。

這套書出版有些年歲，因未曾受小主人青睞而保持著全新樣貌，圖書館管理老師希望書有用武之地，一句：「可以搬走，不限冊數，登記即可。」我如獲至寶，拉來推車搬回教室，這套童話得以在班級圖書櫃閃亮登場。

當我慎重其事介紹班級書櫃的書籍時，早已猜想高年級學生會對童話有如下反應：「很幼稚耶！」「那是低年級看的吧！」「童話太簡單了。」「以前就看過了。」果然不出所料，高年級學生高估自己的閱讀力，且對童話嗤之以鼻。

不急，推銷閱讀我有方法的，知不足然後能自反。我先將書展示在教室前面的大桌上，一字排開好不壯觀。

童話推銷術

我問：「這些童話有幾冊你們知道嗎？」學生瞎猜一陣。

「一百二十本，都讀過嗎？」我再問。

「讀過啊！」飄出的回答陸續有「三隻小豬」、「白雪公主」、「小紅帽」、「七隻小羊」、「灰姑娘」、「青蛙王子」、「賣火柴的女孩」、「國王的新衣」……等。學生一邊說，我一邊在白板上畫「正」字統計，最後，當學生再無聲音時，白板上只有三十三筆畫記。我酸了學生一句：「才占四分之一而已耶！」

「以下的書讀過的舉手喔！」我打算挫挫他們的銳氣。

「白賊七……，一、二、三、四、五、六、七、八，八個人認識白賊七。」

「穿長靴的貓……，二十二人認識這隻有名的貓。」

「布萊梅的樂隊……，不如穿長靴的貓有名，十三名帥哥、美女讀過。」

「尋母三千里……，什麼？才九隻手。」

「這些都是很經典的童話，竟然很多人沒讀過啊！」

「再來喔！『不吃蘿蔔吃婆婆』、『生命泉』、『蒙古小騎士』、『葉限』……，怎麼舉手的人愈來愈少？」我刻意誇張表情。

隨著我繼續唸出「隱身草」、「在空中飛的皮箱」、「玉米餅」，眾人表情都很納悶，臉上寫著：「什麼，有這本書嗎？」

「好啦！你才讀過幾本就以為全讀過，為時不晚，現在讀，來得及。」我說。先讓學生知道自己「沒那麼厲害」，接下來就是我的三寸不爛之舌推銷術了。

「高年級讀童話不是笑話，是美化，美化閱讀經驗。別說你們了，連我都讀得津津有味。」

「來來來，讓我為你們朗讀一小段。『驢子的一雙前腳搭在窗檯上，獵狗騎在牠的背上，貓又騎在獵狗背上，最後大公雞飛到貓的背上，大家擺好姿勢一起發出自己最拿手的尖叫聲。ㄏㄧㄏㄧㄏㄧ、汪汪汪、咕咕咕、喵喵喵，牠們齊聲尖叫，同時從窗戶衝進去，嚇壞正在喝酒的強盜。』」我讀著《布萊梅的樂隊》。

「這一段不覺得很有畫面嗎？像電影連續動作播放，有聲有色。」我講得眉飛色舞，學生也感染我的情緒。

「醜小鴨被欺負寫得好可憐兮兮。『牠每天被人家推過來踢過去，東邊一個臉色，西邊一句討厭的話，牠再也受不了了。』」我讀著。

「『刺骨的寒風，強勁的冰雪，使牠受盡折磨，只有好心的雪花紛紛落下覆蓋在牠身上讓牠取暖，』好悲涼啊！

「這些文字簡潔優美，有童趣也好生動，我好喜歡！你小時候大多是在影音影片或簡易版的圖畫書認識童話，坦白說，涉獵實在不夠。」我說。學生終於承認自己有所不足。

把套書閱讀跑成馬拉松

「套書閱讀（書群閱讀）又不是百米衝刺，馬上要拚到終點，我倒覺得這可以跑成一場馬拉松。」我做了個比喻：「一天一本，一週五天就是五本，一學期的上學日數差不多一百天，這套書還讀不完呢！

「你喜歡的《修煉》、《養心》、《貓戰士》是豪華餐點，這套童話就像小菜，而且是『精選』的小品。精選就是精心挑選啦！閱讀跟韓劇一樣可以穿越，讓古今中外世界最知名的兒童文學大師共聚一堂，再請一流的插畫家繪圖。該不該讀這套書？一天十分鐘，小菜一碟，但日積月累就疊出你閱讀的高度，也跟世界接軌了。所以，高年級讀童話，沒有違和感。」我肯定的說著。

讓學生對讀童話有認同感之後，玩點趣味遊戲是必要的。

這套書以顏色區分成「智慧」、「神奇」、「勇敢」、「生活」、「動物」、「溫馨」六大類，方便讀者依特性類別選擇想要閱讀的書。接下來我丟了個任務：

「依書名做創意分類。」

學生來到臺前對著書指指點點、摸摸瞧瞧、吱吱喳喳一番後，把創意分類寫在海報紙上。

- **王子大集合：**《快樂王子》、《青蛙王子》、《下巴王子》、《乞丐王子》、《驢耳王子》、《養豬王子》、《依凡王子》
- **公主排排站：**《被施魔法的公主》、《白雪公主》、《小公主》、《人魚公主》、《牧羊人和公主》
- **國王在這裡：**《小國王》、《國王的新衣》、《變成鶴的國王》
- **數字控最愛：**《阿里巴巴和四十大盜》、《十二個兄弟》、《三件護身符》、《兩尊石像》、《三隻狗》、《尋母三千里》、《三兄弟和紫荊樹》、《三個音樂家》、《十個奇怪的兄弟》、《十五少年流浪記》、《百鳥床》、《三隻熊》、《十二月》

此外還有「國語課本裡讀過的主題」、「姑娘搭檔仙女」、「阿狗會阿貓」、「男生女生配」、「天上飛vs水裡游」等。最後將沒有分類成功的書歸於「不知該怎麼分的童話們」。

這些小海報貼在童話書櫃上頭，正像是揮手招呼著讀者來看一眼，分類閱讀更可以比較異同，產生更多的閱讀樂趣與體會。

童話推銷結束之前，我講了個蘇軾的小故事。蘇軾十分自負，曾經寫下對聯：「識遍天下字，讀盡人間書」。幾天後有位老翁上門遞上一本書，蘇軾打開一看，發現認不得幾個字，羞愧不已，趕緊在對聯前各加上兩個字，改為「發憤識遍天下字，立志讀盡人間書」，自我告誡切勿驕傲過頭。我借用蘇軾名言，做為這天送給學生的金句。

親愛的孩子，高年級讀童話正是「溫故知新」，溫習過去所讀所學，從中獲得新體會與新知識。書可以讀過再讀、一讀再讀，因為「讀書百遍，其義自見」。我高年級，我讀童話，依然成就閱讀佳話。

第二章

更上層樓——素養學習的優化深化

學生欠缺的從來不是學科知識的理解，而是應用於解決生活問題，使之變成實用知識。

老師在上課時加點調味料，每首歡樂的歌曲，每次有趣的對話，每個提問發球，甚至從遊戲中帶出寫作力，都是在明確的教學目標帶領下，讓孩子們學得愉快、記得牢固，對閱讀心動、對生活有品，成為閱讀實踐家。

10 邱吉爾上的一堂課

國語課文有一課篇名是〈名人記趣〉，內容是邱吉爾、馬克・吐溫與艾森豪的三則幽默小故事。第一則是〈紙條上的簽名〉。

紙條上的簽名

（教材來源：康軒國語五下第一課）

英國首相邱吉爾應邀在一個廣場演講。

他講到一半的時候，停下來喝水。這時，臺下忽然遞過來一張紙條，他看了一眼，只見上面寫著兩個字「傻瓜」。

邱吉爾知道這是有人想羞辱他，他把紙條放在講臺上，神態自若的說：「剛剛有位聽眾送來一張紙條。這位聽眾真糊塗，只在紙上簽了大名，卻忘了寫內容。」

說完，邱吉爾面帶微笑，繼續他的演講。

故事簡短，淺白易懂。國語課對學生來說，字詞義的認識習寫不是難事，難在能夠體會課文意涵並將所學應用在生活中以解決問題，也就是「生活實踐」。學生對於課文的體會常停留在文字表層，閱讀理解真的需要老師的步步引導。

這類「機智故事」的課文類型，如果問學生有何心得與收穫，十之八九絕對回答：「我們要學習主角人物的精神。」這應該是全臺小學生的標準答案。

那麼，主角人物的精神到底是什麼呢？追問下去可能不少孩子舌頭就要打結了，因為「精神」好抽象。

「邱吉爾遇到什麼問題？」我問。

「有人罵他傻瓜。」

「他如何解決問題？」我再問。

「他說觀眾很糊塗，只有簽名，忘記寫內容。」

「這件事結果如何？」我又問。

「邱吉爾繼續他的演講。」

「說說這一則課文的要旨是什麼？」我繼續問。

「我們要學習邱吉爾的機智和聰明。」

我的學生就是全臺小學生的一員，果然來個標準且安全的回答，雖答案沒錯，但「機智」、「聰明」概念模糊，「如何學習」也沒說清楚，抓到的都是表面訊息。

那麼，老師該怎麼引導學生化抽象為具體，把想法說清楚講明白呢？其實課文裡就有線索，而且是顯而易見，只是學生常常忽略。

「有人罵邱吉爾傻瓜，課文中如何形容邱吉爾的處境？」想要促進學生的閱讀理解，我的不二法門就是讓學生回到文本中去找線索。

「羞辱。」學生看到第三小段的句子是這麼寫的。

「對，有人想羞辱他。邱吉爾回應：『聽眾真糊塗，只在紙上簽了大名，卻忘了寫內容。』邱吉爾態度如何？」我問。

「神態自若。」學生在課文第三小段看到文句的形容。

這個「神態自若」是重要的。邱吉爾除了以機智言語回應，重要的是他的心情鎮定不受影響，表現出臨危不亂與大將之風。若他機智應答但火冒三丈或暴跳如雷，那麼畫面就大不相同，他可能心情挫敗低落，沒有心思完成後續的演講，讓對方目的得逞，也就不會有如此的幽默言語流傳後世。

「從『神態自若』回應聽眾到隨後邱吉爾繼續他的演講，他繼續演講的神情如何？」我問。

「面帶微笑。」學生回答，看到課文最後一小段這麼寫著。

賓果！透過老師的精緻提問，學生把課文裡的主要事件與人物對應態度的關鍵語詞找出來了：「羞辱」、「神態自若」、「面帶微笑」。

課文是記敘文，我讓學生以課文故事為議論文的「論據」，延伸產出議論文的「結論」，只要串聯課文關鍵字，課文主旨也就顯而易見，同時這也是讀者與文本的互動體會。

「面對他人的羞辱，我們可以神態自若的以機智言語回應，並面帶微笑完成該做的事。」這是學生產出的結論。

好啦！課文閱讀理解解鎖，但如何「學以致用」？學生欠缺的從來不是學科知識的理解，而是應用於解決生活問題，使之變成實用知識。

「笨蛋白痴」的巧妙解鎖

「你們常常來向我報告『老師，某某某說我『白痴』、誰誰誰叫我『笨蛋』。這『白痴』、『笨蛋』有時候是別人無心脫口的不雅口頭禪，有時候是玩遊戲時擦槍走火引發的紛爭，也可能是他人刻意要激怒你。」我說起校園日常讓學生有感，紛紛點頭。

「你若認真看待就——」我拋個眼神將語句接續交給學生。

「就輸了。」學生都知道。

「道理都知道，偏偏你常常輸，正所謂知易行難。面對羞辱，你們的反應總是氣噗噗又森七七的，然後來找我投訴，希望我給對方一點處罰。」

「面對羞辱，課文提供好方法，邱吉爾教你的，怎麼做？」我問。

「我們可以用機智言語回擊，讓難看回到對方身上。」學生說。

雖是以牙還牙的「回擊」沒錯，但我認為「回擊」字眼太強烈了，這個回擊可以溫柔堅定但帶有力量，不如說成「回應」。

「面對『笨蛋說』、『白痴說』的羞辱，你如何以機智言語回應？」我問。

學生興致來了，討論熱烈起來了。

「就跟他說：『你在自我介紹嗎？』」全班大笑說這個好。

「謝謝你告訴我你的特點，我更加了解你了。」

「你好誠實喔！這麼清楚自己的缺點，還跑來告訴我。」又是一陣拍手叫好。

「好方法，夠機智！但態度要如何？」我等待學生的有感回答。

「要神態自若，而且面帶微笑做完自己該做的事。」學生說。

「這就對了，以後這類問題自己解決，讓我耳根清靜一點吧！所以啊！學習是用來解決問題的。」我說。

「原來如此。」學生恍然大悟。

「本來就如此！一向都如此！」我一字一句清楚的、堅定的說。

之後有沒有人再來投訴誰誰罵我？沒有！因為大家知道了，對於他人的羞辱，我們可以神態自若的以機智言語回應，並面帶微笑完成該做的事；而羞辱別人會讓難堪回到自己身上，那是自取其辱。

親愛的孩子，小學階段懵懵懂懂，你要如何學習解決問題以成長茁壯？讀書是捷徑，向名人學習可以省卻繞遠路或走錯路，從中得到靈感啟發，嘗試合理、和諧處理人我互動，知識就活用了，更可讓自己「高人一等」。這面對窘境的化解之道以及人際相處的「高」情商智慧誰教的？英國首相邱吉爾。

11 真的一首歌都沒聽過嗎？

五年級國語習作裡有一篇命題作文的習寫〈我最喜歡的一首歌〉，歌曲是生活日常的調劑，某些特定集會或活動也會播放主題歌曲，這樣的生活化記敘文寫作學生應該有感。

除此之外，我想要擴充這篇作文的習寫範圍，將題目改成〈我印象最深刻的一首歌〉，如此一來，舉凡喜歡的、討厭的、洗腦的、感動的、悲傷的……各種感受都能涵蓋其中。

我暗自心想，這樣的調整可以讓學生更加輕鬆駕馭文字，我幻想大夥會以「喔耶！這很好寫」的歡呼迎接這次寫作。

「我們都沒有在聽歌」

當我把作文題目寫在白板上，筆才落下頭都還沒轉回來面對學生時，底下就傳來：「我們都沒有在聽歌。」

小瑞非常誇張的用「我們」代表了全部的人，我困惑的看了他一眼，他再次強調：「真的，我們都沒有在聽歌。」也許是想要逃避作文課，接著便有幾個學生附和的說：「我也沒有在聽歌。」

這現象很有趣，我連說明都還沒開始，學生便已預設立場，認為這次寫作超乎自己的生活經驗，直截了當的似在宣告巧婦難為無米之炊：「沒在聽歌，抱歉，這次不能寫。」

我理解學生的意思是指平常的休閒娛樂中，並沒有閒情逸致打開音響聆聽音樂放鬆心情，或是自己沒有專屬的 3C 產品用來享受音樂。但，真的一首歌曲也沒有嗎？我認為是誇飾了。

「儘管你們平常不會閒來無事就聽歌，但一定也聽過許多歌。」我說。

「沒有啊！我們真的沒有在聽歌！」學生再次強調自己的生活乏味無趣。

「一首都沒有嗎？」我問。

「真的沒有，我們沒有在聽歌，真的。」無限迴圈的一句話，是心想這樣就不用寫作了嗎？

「沒關係，讓我用我的『臺灣好聲音』來喚醒你們的記憶。」我準備開唱。

「公雞啼小鳥叫，太陽出來了……年紀小，志氣高，將來做顆大櫻桃（做個大英豪）。」「茼蒿（臺語：當我）們同在一起，在一起……」我把兩首兒歌改編唱得逗趣，逗得學生哈哈大笑：「老師，這是兒歌不是歌啦！」

「兒歌怎麼不是歌，就是歌，是兒歌。」我提點，就算父母沒唱過，但一定打開音響放過許多歌給囝仔聽，但學生否認爸媽為他們做過這些甜蜜的事。

「幼兒園啊！念幼兒園時唱歌跳舞最歡樂，低年級時也有跳健康操……」我又唱又跳，但學生說那是音樂不是歌，也拗說當時年紀太小不復記憶了。

「我上課不也常常唱歌嗎？喚你們回神我唱『歸來吧同學，回到我身邊』，講搴聲我唱『嘩啦啦啦啦下雨了』，還唱『三月裡的小雨，淅瀝瀝瀝瀝……』，你們一首都不記得，太辜負我的『臺灣好聲音』了。」我跟學生討拍起來。

「老師你又沒有唱完整！」學生也撒嬌起來。

「音樂課啊！從一年級到現在音樂課也唱過不少歌吧！」我說。

「沒有，音樂課沒有唱歌，在音樂欣賞。」「在吹直笛。」「在講音樂家的故事。」學生竭盡可能的拗，意思就是說：「我們沒有寫作素材，我們靈感缺缺，我們沒有歌可以寫。」

我不慍不火，寫作若是壞了興致，那麼寫作會變成痛苦的事，搞不好還留下陰影，以後寫作都變成噩夢一場。更何況前面一陣師生你來我往的對話，已讓教室氣氛輕鬆了起來。

別說你不知道這四首歌

「好啦！姑且不論其他歌曲，有四首歌你們一定耳熟能詳。我以姿色保證。」

每次我「以姿色保證」，學生都會故意噓我一下，但我喜歡開點無傷大雅的玩笑。

「〈國歌〉、〈國旗歌〉、〈校歌〉、〈生日快樂歌〉。」我一口氣公布答案。

「老師，這不是歌啦！」

「怎麼這不是歌，它明明白白說了是〈國歌〉、〈國旗歌〉、〈校歌〉、〈生日快樂歌〉。」我把「歌」字都加重了語氣。

接著，我就打算以這四首歌來和學生好好討論，我想讓學生知道，寫作素材不一定要龐大偉大，它可能小小的，但跟生活絕對緊密相連。印象深刻的歌不一定時尚流行或由哪位知名歌手唱遍大街小巷，可能就是某個場合學來的，可能是日常時不時飄進耳朵的旋律。只要你對它投注感情，那麼它就與生活產生連結了。

升旗時必有兩首歌，其一〈國歌〉、其二〈國旗歌〉。每次典禮集會我就是那位最大聲唱〈國歌〉的老師，一方面做學生的表率，二方面我總是感動於〈國歌〉和〈國旗歌〉的莊嚴。先不論政治爭議，〈國歌〉和〈國旗歌〉的歌詞簡潔有力、優美精緻，敘述動盪時代的革命故事。雖然太平盛世難以體會先賢的壯烈，但我還是在〈國旗歌〉和〈國歌〉莊嚴肅穆的曲調和歌詞中受到感動。

但學生難以體會我的情感，他們唱著〈國歌〉和〈國旗歌〉鬧出不少笑話。

「時代演變，你們聽〈國歌〉和〈國旗歌〉聽不出感動，不太懂歌詞又怪起音太高。」我說。

「對啦！老師你怎麼知道？」

「因為你們都亂唱，〈國歌〉唱『下麵煮麵』（臺語：三民主義），後面接著切一盤『豬耳朵絲』（咨爾多士），最後愈唱愈小聲，因為唱不上去了。」我說。

「真的耶！」學生笑開了，還分享了不少糗事，有人把〈國旗歌〉「光我民族」唱成「光頭民族」，「創業維艱」唱成「創業危險」。

「所以，老師，我們印象最深刻的歌可以寫〈國歌〉和〈國旗歌〉嗎？」學生不安的問。

「如果這真的是你印象最深刻的歌，Why not？」我說。

「再來，學校集會常常要唱〈校歌〉收尾，〈校歌〉你會唱啊！尤其運動會閉幕唱〈校歌〉，大家都唱得格外慷慨激昂，那一刻好凝聚人心，代表你真真實實是附小的一份子。」被我一說，學生想起來了。

「〈生日快樂歌〉你們一年聽幾次？」我問。

「一次！」學生簡潔有力回答。

「不只吧！有人生日就唱一次，一年根本好多次。」我說。

「對耶！還有英文版、臺語版、韓語版。」學生又想起來了。

「就是啊，〈生日快樂歌〉帶來的感覺如何？」

「歡樂！」

「那麼，你就要以文字來表現出這首歌呈現的歡樂喜悅。這樣，你還會說你一首歌都沒有聽過嗎？我把這句話丟進回收桶囉！」我說。

寫作就是書寫生活

就這樣，我用四首再平凡不過的歌喚起了學生對歌曲的記憶，祛除了對寫作取材的恐懼，而學生也卸下對寫作的不安，不用揣測老師「想要看什麼」，而是「自己想要寫什麼」，大膽自在的寫下生活故事，〈小星星〉可以一閃一閃亮晶晶的綻放文采，〈小蜜蜂〉也可以嗡嗡嗡的喚起童年回憶，寫作就是生活的映照。

「我最難忘的是〈國歌〉，第一次聽到時我以為『大同』是電鍋，直到二年級才知道那是『以進大同』，和電鍋一點關係也沒有，現在想想小時候滿蠢的。」

「過生日是開心的事，也是值得被祝福的事，〈生日快樂歌〉充滿我從小到大的回憶。」

「在我有煩惱或遇到困難時我會想要哼唱〈生日快樂歌〉，它讓我想起家人為我慶生的場景和對我說的祝福話語，這首歌給了我信心和決心。」

「〈生日快樂歌〉為我帶來無限的快樂，這首歌代表成長與祝福，老少咸宜，不分男女……」

「〈校歌〉代表學校，每當我唱起〈校歌〉就會覺得將來要讓附小以我為榮，我爸爸也是附小畢業的，我和爸爸有共同校歌我覺得很榮幸。」

小芳喜歡電影「解憂雜貨店」的主題曲〈重生〉；小亮想起小時候在爸爸的車上總是五音不全的唱著注音符號歌；小翔跟著讀國中的姊姊聽了〈Memory〉，還上網查了歌詞，學會不少英文單字和句子；小圻說〈踏山河〉歌詞裡有「長槍刺破雲霞」這幾個字，總令他充滿力量。

還有家裡音樂盒流瀉的〈小蜜蜂〉讓小希有滿滿回憶；小嵐說相差九歲的小妹妹出生後，讓〈小星星〉這首快被遺忘的歌在她心裡開花了；讀幼兒園的弟弟唱著「火車嘟嘟嘟，開到哪裡去……」，這首兒歌讓小涵記起小時候爸媽常唱給她聽，而現在又唱給年幼的弟弟聽，歌曲裡感受父母愛的傳承。

透過大家振筆疾書，一首首難忘的歌曲就在作文簿裡盛開了芳美的花朵。

親愛的孩子，一一一年國中會考彰化有個考生五科都只拿到C但作文滿級分，他以自己農務的經驗和生活體悟寫下指定題目〈多做多得〉，真性情的書寫成為全國媒體焦點，也讓他獲得肯定與自信。

寫作就是書寫生活，不需以虛情假意或華麗的文字堆砌缺乏感情的文字樓臺。生活就是寫作的湧泉，你要用滿滿的熱情和獨特的眼光去觀察周遭並感受生活，情感自然應運而生，再用一枝筆寫你真實感受的事，昇華這件事對你的意義，一篇好文章自然水到渠成，它已先感動了你自己。

12 折角的考卷

學校裡不免有大大小小的考試，記得過往求學年代，多數老師發考卷都是以分數高低為順序。滿分、高分者，老師聲如洪鐘宣讀分數，彷彿為成績優異的同學加冕，也暗示著全班要心嚮往之、更要學習之；考卷發到尾聲時，老師的聲音會從平淡再漸次拉高，大家能辨識這聲音代表的既是擔憂，也有鄙視或怒氣。出去領考卷的人頭都低得不能再低，似乎考低分是奇恥大辱，要低頭才能表現自己的羞愧。

隨著時代演進與教改推動，學生人權與心理健康漸受重視，班級或校級排名、班級間計算平均分數均已取消，便是希望別讓成績排名成為衡量學生價值的依據。不過，學生對於分數這件事總是有自己的小劇場。

低年級看分數有趣

低年級學生可愛單純，對分數不是那麼敏感。大考、小考後發考卷時，不管考幾分，小朋友們都會「YA！YA！」的歡呼一陣。

擔任二年級導師時，某次，小偉媽媽和我分享一件事。期中考前她再三幫孩子複習，考試當天不斷叮囑他注意事項、提點作答祕訣。考完後她問孩子數學考得如何，孩子胸有成竹的說考得不錯，媽媽頗感欣慰，心想這次終於要收穫大幅進步。

隔天是發下考卷的日子。放學時，媽媽來接小偉，她先按捺住自己的期望與衝動，並沒有一見到孩子便開口問分數。然而實在太渴望聽到高分的歡喜，才走到家門口，媽媽忍不住就問孩子了。

「你說考試都會寫，這次數學真的考得不錯？」

「嗯哼！」孩子臉上掛著笑容，媽媽的滿懷期待更加炙熱。

「那你考幾分？」媽媽直接問了。

「六十二分。」孩子爽朗乾脆的回答。

媽媽一聽心碎滿地，頭頂若有烏鴉飛過，她心想：「才二年級的數學你就只考六十出頭，還敢說自己考得很好！」媽媽一時心情難以調適又不知該怎麼跟孩子說自己好失落，媽媽眼角滲淚，所有話語如鯁在喉。

這時走在前面的孩子回頭看著媽媽，一臉納悶的對媽媽說：「你在哭嗎？你為什麼要哭？我又不是考零分，而且我考超過六十分，是六十二分耶！」說完，孩子用蹦蹦跳跳的愉快步伐上樓，留下五味雜陳的媽媽在後頭哭笑不得。

當小偉媽媽跟我分享這件事的時候，我們兩個也都笑出眼淚了！是啊，孩子心思簡單，一切看向美好，雖然樂在學習，但是資質各異，以致成效不同，分數便有高低。常常是大人的期待和價值觀加諸其上，讓孩子開始對分數起了比較之心，也產生對自我認同的好壞感受。

高年級看分數有雷

高年級孩子看待分數的態度就沒那麼輕鬆。既對自己的分數期待，也對他人的分數好奇，看到我在改考卷，常會捨棄下課玩樂而圍過來觀看，不停問著：「我幾分？某某某幾分？」聽到自己高分便歡欣鼓舞，分數不如預期則唉聲嘆氣。

雖然我常對學生說：「學習是目的，考試是手段，測驗的目的在檢視學習歷程與了解自己，分數不代表一個人的總體表現。」但考試分數對學生來說常常變成套在頭上的緊箍咒。

在五年級的班級裡，我發現幾個有意思的畫面。若是我將改好的平時考考卷放在講臺上等值日生協助發放，總會吸引大家駐足翻看，並有討論聲四起，議論著自己或他人分數。孩子也常心直口快的邊發考卷邊「報佳音」，只要有一個人說著：「某某某考幾分」，這句話就會被複製且像擴音機般放送出去，而分數被提報廣為周知的人多是不悅的。「不要唸我的分數啦！」「幹嘛講出我的分數！」雖然沒有釀成爭吵畫面，但有飄出一點點火藥味。

接著，考卷一一回到主人手上，有些學生會把卷子上打分數的地方折角，遮住分數。一般分數都打在試卷右上角或右下角，折起的小三角形讓整張考卷形成缺角，擺明就是不願分數被他人看見或打探，無論高分或低分。

我的求學經驗中，國文、英文我特別擅長，但理化總讓我頭痛。因此，我能體會考高分儘管欣喜但不好張揚，若分數不盡理想時，要承受未達自我期許及他人探詢的壓力，可謂內外交攻。

平時無論學生的小考或正式的期中、期末考，我一向謹慎，不依分數高低發放考卷，也細心呵護學習上較低成就的孩子的自尊心，不唸出分數，也不對其面露不悅之色。不過，學生間協助發考卷及面對自己或他人分數時常有波瀾產生。

我懂學生的心思，這個問題需要討論。

學生對分數「過敏」

「學習過程難免有考試，今天不討論考試意義，先分享我觀察到的兩個現象。一是請你們幫忙發考卷時會有傳聲筒出現，但大家很厭惡分數被爆料；還有，多數人拿到考卷常常瞥一眼就將考卷折角遮住分數。看來，你們對於分數很敏感。」

學生點頭稱是，說不喜歡分數曝光，也不喜歡分數被大聲唸出來，也對幾個喜歡把他人分數當八卦說的同學頗有微詞。

「分數很奇妙，雖然大家知道關注自己就好，但當好奇心過大，加上嘴巴也夠大，便常忽略『尊重』這件事了。」學生聽我說出「嘴巴夠大」都笑了出來。

「那麼，以後不論大小考試，考卷都由我來發，你們覺得這樣的方式如何？」我問。大家都點頭了。於是，成交。

「老師，這樣你會不會太累？」此時，有個學生表示關心。

「我把發考卷當運動啊！動一動也挺好的。」我一向能正向思考。

「老師，其實我們也可以幫忙發考卷，只是希望發考卷的人不要大聲嚷嚷。」這句話是貼心的小祥說的。

「真的嗎？如果有你們的幫忙那就太好了！畢竟，老師要處理的事務多如牛毛。」我順勢感謝學生。

「謝謝你們的貼心，那麼，以後考卷盡量由我親自發，如果需要請你們幫忙的話，就請發考卷的人只要執行『發』的動作，而不需要加上『喊』的表現。」大家都笑了。

「當考卷發回你手上，我發現有的人會將考卷折角，這個動作我很好奇，我猜想是不想讓別人看到分數。」

賓果，學生說我答對了。不論分數高低甚或滿分，都會有考卷折角的情形。

「看來，大家對於分數很敏感，這跟隱私權有關，值得討論。」我說。

這時，學生感到納悶，隱私權和身體有關，和考試分數有何關聯呢？

分數是隱私權嗎？

我們先確認隱私權的定義，教室螢幕上的「教育部重編國語辭典修訂本」上面寫著：「受『憲法』第二十二條保障之基本權利，係為保障個人生活私密領域免於他人或國家侵擾或自主控制個人資料的權利。」

從字面解讀，學生能理解私密領域是指身體隱私。此外，個人資料如生日、電腦帳號等，這也是隱私。但考試分數是不是隱私，這就有了一番討論。

多數學生原本認為考試分數不是隱私，因為考試是常有的事。但深入理解隱私權定義中所寫「自主控制個人資料的權利」，學生認為分數可視為個人資料，是「我」可以自主控制的項目，因此，大家認可分數為隱私權了。

「那爸爸、媽媽或老師也不能看我們的分數囉？」學生見獵心喜，提出新解。

「你們認為呢？」早預料到學生會拋出這種思維，所以我將問題丟回給學生。

「爸爸、媽媽可以看啦！因為他們是父母，父母要知道小孩在做什麼事。」

「如果什麼事都說隱私權隱私權，這樣會天下大亂。」

「我們還未成年，爸爸、媽媽和老師是教育小孩的人，爸媽和老師可以知道我們的分數。」

「因為爸爸、媽媽是我們的監護人。」

學生還算理性，透過同儕回答，問題迎刃而解，也不至於會揮舞隱私權大旗硬拗家長以親權侵犯隱私權了。

「所以考卷分數是有限度的隱私，老師、學校和父母有權知道，同意嗎？」我問。大家都點頭了。

「再來，學生享有分數的隱私，也就是分數只有自己有權決定要和誰分享，大家也認同這個說法了。簡單的說，關於分數，個人有不被外界干擾的權利，在未經他人同意之下，大聲說出他人分數，可能無心或好意卻傷害到同學，更在滿足自己的好奇中，侵犯了別人的隱私。」我統整了重點。

「對於分數這件事，我們可以做成結論了嗎？」我問。

「幫忙發考卷的人，要尊重別人，不要讀出別人的分數。」

「看到別人把分數遮住或折起來，代表別人不想讓你看到分數，要收起自己的好奇心。」

「如果別人告訴你他的考試成績，希望你要有朋友道義，不要傳播出去，除非他同意你可以說出去。」

「考試分數和隱私權有關，要尊重他人的隱私權。」

「看到別人的成績不用說出來。」

我讚賞學生會思考、有想法，而且也有正確的認知，那麼「知道」要加上「做到」，這才是真正的學習廣度。

最後，我分享了自己的求學記憶。國中時期座位是以成績排名安排，教室好像分成楚河漢界；而高中時期的座號是以學期總成績排名排序，班上五十二人，從一號一路排下來，學業成績優劣一目了然。學生覺得太不可思議，還慶幸自己不是生在「古老」年代，現在真的比較重視人權和隱私權。

親愛的孩子，有的人成績平平但作業用心，有的人成績落後些但掃除賣力做事認真，有的人成績優異但願意教落後的同學，每個人都有自己獨特之處，老師不會用分數評價你的一切。老師願意用一顆敏覺的心去同理你的感受，讓你感覺受尊重，藉著考卷分數的討論，也期望你做個更有感的人，對人體貼、人貴自重、克己復禮。我們可以從分數學習的事情真是不少呢！

13 總是粗心，其實就是不會

孩子們單純天真，喜怒形於色，一個表情一個動作都顯現出心思。因此，觀察學生的言行舉止是一件有趣的事，老師也能像算命師卜算出學生心事八九，或像名偵探柯南發現線索好辦案。

在學校裡，我的導師角色主要教授科目是國語和數學，通常學生會覺得國語比數學容易，數學難度較高。國語只要會寫國字注音，能懂語詞寫造句，考試分數都能有不差的表現。基礎的運算能力是否熟練、邏輯推理與空間概念和讀題的理解力，則攸關數學表現的優劣，因此學生常認為數學是「魔王學科」，讓人一個頭兩個大。其實，在我來看，成績好壞很大部分原因是和態度有關。

數學，不想面對

之前花了點時間和高年級的孩子談看待考試分數要相互尊重，大家的確聽進心坎裡，不再大聲嚷嚷他人的分數。一段時間下來，我看到考卷依然折角，但有些人的折法變了，尤其是數學考卷。

有的人是拿到考卷看都不看一眼就開始動手折角，有些人是匆匆一瞥分數就折起遮住，不像之前在考卷角落處只向上或向下折一次，近日學生的表現是一折再折，也就是先折成小角再反覆往上折，是一種「加強版」的折法，要再次看到分數還得費點心一路往回翻。我感覺考卷主人透露出的訊息是「不想面對」，但不是不想面對別人，而是不敢面對自己。

五下的期中考數學由我出題，考試前學生好奇詢問命題老師是誰，我比著自己時，學生一片哀號：「不要出太難啊！」「可憐可憐我們，出簡單一點啦！」好似我是出題殺手，眾人即將面對血流成河的戰場。

我本非以考倒學生為樂，因此編寫試題時尤其謹慎，畢竟評量的目的在讓學生理解自己哪裡不懂，而非挫敗其自信。試題完成後，學年夥伴老師群也審閱完畢，一致覺得這份考題「很可以」，無難題，都是基本題。

考試中看著學生寫著寫著，從領卷前對未知的緊張到表情愈加放鬆，看來學生能感覺我出題的誠意，也覺得這是一份好駕馭的試題。

考試結束時，學生都說不難，一副自信滿滿模樣說：「可以對爸媽交代啦！」「應該有九十分以上！」「回家可以用分數換多一點打電動遊戲的時間。」等等。

結果考卷閱畢一發下去，有些學生就臉色大變了，詫異表情似乎訴說：「我怎麼可能是這種成績？」「會不會是老師改錯？」急忙與旁人對起答案前，還不忘先把分數折角。

課堂上檢討考卷時，不時傳來學生的嘆息：「吼！這題我會啊！」「啊……我本來可以九十五分的，粗心就扣掉十分了。」「我就是粗心啦！」表情甚是扼腕。

「有一個長方體游泳池，內部長八十公尺、寬五十五公尺，高二百公分，注水後水深一百七十公分，水的體積是多少立方公尺？」

學生看到這一題見獵心喜，求體積就是長乘以寬乘以高，竊喜自己不會上當受騙，因為注水後的水深就是水的高，和游泳池的高二百公分是沒有關係的，於是開心的寫下算式：

80×55×170＝（ ）

殊不知，這水深的單位和長、寬不同，是公分，要先化成同單位的公尺再計算才對。算出來的答案，果然錯了。

又有一題：「有一個長方形水箱，它的內部長二十五公分、寬十八公分、水深二十公分，放入三顆相同的鉛球（完全沉入水中），水深變成二十六公分，請問一顆鉛球的體積是多少立方公分？」

這題學生也開心的知道鉛球的體積要怎麼算，水深從二十公分變成二十六公分，高度就是六公分，喜孜孜的算出答案是：

25 × 18 × 6 ＝ 2,700（立方公分）

但，這是三顆鉛球的體積，題目問的是一顆鉛球，沒有除以三，答案也就「芭比Q」（完了、慘了）了。

在學生的嘆息聲中，我唱了幾句歌詞戳了大家一下，「可惜喔可惜！怎麼會是這樣的結局！可惜喔可惜！縱然心中百般不願意。」

數學，粗心養成病

學生苦笑著，我問：「數學，你真的懂嗎？真的會寫嗎？」學生斬釘截鐵的說會，只是粗心。

我再問：「你是這一次粗心而已，還是常常粗心？」學生表情僵住了。

我不客氣的潑了冷水：「如果是一次粗心、兩次粗心，別人會認為你真的有實力，只是一時大意。但是若你從一年級一路粗心到五年級，嘴上總掛著：『我會、我會、我只是粗心。』坦白說，我認為你其實不懂，就是不會。」

幾個學生難以服氣的說著自己是真的會，只是沒看清楚題目、計算錯誤、誤植數字、計算對但答案寫錯……，各式理由都有。

「寫錯就是錯了，分數明白擺著。粗心是從平時累積成的惡習。平常總要來來回回訂正幾次才能寫對，這樣我不認為你是真的會，其實，你是真的不會。」我直搗盲腸了。

「如果你粗心習慣了，那就不是粗心了，而是粗心已經內化到你的骨子裡，變成個性了。好比你有時皮膚一、兩處小地方發癢，抓個兩、三下就不癢了，那就沒事。但你總是在同一處抓癢，那就是皮膚病了。」這樣一比喻，學生有點接受了。

「老師，那是因為你們在出題時都喜歡設陷阱，我們一不小心就掉下去。」小旭不平則鳴。

「此言差矣。數學題本來就有題目編寫的用意，不能說題目和你以為的、想像的不同，就認為是出題者設陷阱，這樣就是從中、低年級的憤怒鳥，變成高年級的憤青。」我說，學生也輕鬆的笑了。

「問題出在你以為題目非常熟悉，懶得仔細審題，沒有耐心把題目看完，抓到皮毛、看到自己想看的文字訊息就開始寫；檢查也是一樣，目測而已，沒有耐心動筆再算一次。寫錯了，就是真的錯了！」其實這些話我常說，只是孩子們總是過度自信的以為老師說的都是別人而不是自己。

皮膚病有藥醫，粗心病也有藥醫，粗心病常伴隨鴕鳥症一起出現。於是，話鋒一轉，來談考卷的折角。

一折再折的悲情考卷

拿起幾張折角考卷，我問：「考卷折成這樣是不想面對嗎？這怨念很深耶！」學生忍不住笑了出來。

「對啊！考很爛。」雖然我常提醒學生不要用「爛」字形容學習表現，但學生總忍不住說出這個代表否定的字。

「如果你只是不想面對分數，不思考如何改善這個窘境，下次你還是持續折考卷，說自己只是粗心。這像一種大型鳥類你們知道吧？」

「鴕鳥。」

學生都知道鴕鳥心態泛指逃避，我做了補充。據說鴕鳥在遇到危險時會將頭埋在沙堆裡，蒙蔽了自己的視線就以為安全了。後來「鴕鳥心態」就表示一個人不敢面對現實，選擇逃避來求取心安。

「會把考卷折成這樣，你還是在乎分數，對吧？」我問，孩子們點頭。

「是啊！你希望享受成功的經驗，期望考試的成績亮眼。但若你對分數不夠滿意，想要拉高成績，卻沒有做些努力，那麼，事情改變不大。」我說。

「老師，我們都有訂正。」學生說。

「只訂正，夠不夠？」我問。學生的確是按部就班的在訂正，但若只是針對考卷錯題訂正，對於累積起來的學習內容，和一波又一波新的知識海浪推進沒有做足準備，你做的事仍然是嘆息的將考卷折了又折，在訂正中自我安慰，以為這樣就夠了，但是進步仍然有限。

我再次揚起折角考卷，我說：「以後不要再折考卷了，就攤在陽光下吧！」

與其遮掩，不如攤開

學生有點詫異，老師不是才說分數可以視為隱私權，怎麼說法一夕生變？

我說了個朋友減重的故事。

我有個朋友三餐之外消夜、零食無禁忌，雖然知道自己過重，但總穿鬆緊帶的褲子。於是像溫水煮青蛙般，不知不覺間體重緩步上升終於破百。

他默默試過很多種減重方式，但是總在意志不夠堅定中失敗。某天，他下定決心，與其穿著寬大衣服只求遮住臃腫身材，家人建議每日量體重他也顧左右而言他，這次，就讓一切攤在陽光下。

於是，他在臉書上用大標題昭告世人：「我一百零二公斤，我要減肥！」還放了站上體重計的照片。

朋友以往最怕別人問起自己的體重數字，現在已經不是祕密，於是整個心情都變輕鬆了，又想到有這麼多人知道他的宣言，形成督促力量，便有了鞭策之心。他上傳餐點內容，跨出舒適圈揮汗運動，許多朋友也與之分享減重心得。就在持之以恆的「少吃多動，公布體重」的策略下，他在八個月後已經減到八十公斤，整個人更是神清氣爽，自信飛揚。

回到折角考卷這件事，我建議學生不如大聲說：「我考七十五分，這是我的成績，我不滿意，我要更努力！」拋開偶包吧！沒有丟臉的問題，喊出聲事情也就不難了。我鼓勵孩子們練習一下，男生倒是比較大方，幾個孩子喊出聲後說：「其實很痛快。」

喊出聲是一回事，還要有解決策略。

我還要幫鴕鳥正名一下。動物學家研究發現，鴕鳥腿長跑得快，遇到危險的時候，鴕鳥奔跑速度足以保護自己安全擺脫敵人威脅，不至於呆呆的只把頭埋起來乖乖就擒。

「所以，有鴕鳥心態的人，你也可以為自己翻案！現在就把分數攤在陽光下，減少抱怨，多算、多練習。」

親愛的孩子，別再用「我會，我只是粗心」來給自己一帖安慰劑，你雖有樂觀心態，但也需要有面對問題的勇氣以找出解方。

數學不是猜謎遊戲，當你在看題目的過程中，就產生解題的念頭，這有時是危險的，可能容易猜中開頭但忽略結尾。數學虐你千百遍，你就要跟數學維持熱戀，每天接近它，在規律練習中通透它、理解它。天道酬勤，你必能趕跑數學大魔王，領略成就感並為自己歡呼。

14 聯絡簿與時間管理

「家庭聯絡簿」是小學生必備親師溝通的簿本，學生抄寫每日家庭作業內容、宣導或備忘事項、家長簽名、老師批閱，日復一日的運作。談及我的中小學生涯沒有聯絡簿這件事，學生感到不可置信：「你們怎麼記住每天的功課和要帶什麼物品？」說也奇怪，過往年代就是記得住。

抱怨成習慣，心最累

這天抄聯絡簿時，寫到第六項，學生已經有抱怨的碎唸聲音出現，我繼續寫到第七項，最後結束在第八項。

「今天作業好多喔！」

「對啊！也太多了吧！」

「我放學還要去補習耶！」

「老師你太狠了吧！出這麼多作業！」

「八項耶！今天晚上別睡覺了！」

學生埋怨著，我沒有動搖之意，淡淡說著：「坦白說，今天作業不多。」

「很多耶！有八項。」

「摸著良心說真話，『通知一張』、『帶書法用具』、『準備社會筆記本』，這算功課嗎？」

「嗯……」學生一時語塞了。

「『訂簽國語習作』這項也是，課堂上共同檢討的時候，大家也都訂正得差不多了，就是回家讓爸媽檢視後請他們簽名，難道這也是要花你很多時間才能完成的功課嗎？」

「嗯……」學生討拍不成反被我潑了冷水。

高年級功課多、難度高，我衡量每日家庭作業分量，控制在學生能於半小時至一小時內完成，希望孩子們放學後能有時間充分休息或安排自己的學習和休閒。

如果作業分量較多或是需要時間查資料，則會事先告知，規劃餘裕時間讓學生充分準備。倘若學生有特殊原因未能如期完成作業，只要坦誠以告再完成繳交，也就萬事ＯＫ，不至於有學生因為家庭作業繁多無法負荷，進而影響睡眠休息的狀況發生。

「看到聯絡簿抄了八項就開始唉唉叫，聽到同學喊也跟著起鬨，你判斷功課內容是什麼了嗎？你當真顧影自憐？」

學生被我說得啞口無言。我並非不能同理學生，但有時學生需要當頭棒喝！

「看到聯絡簿抄的事項多，可以怎麼做，好讓自己不會莫名上火？」我問。

「判斷哪些是功課，哪些只是通知或聯繫事項。」

「如果你真心覺得功課多，可以怎麼做來改變自己的負面情緒？」我再問。

「把抱怨的時間拿來寫功課；將功課做計劃安排，列出先後順序。」

這就對了，學生都有思考判斷的能力，但常知易行難。雖難以體會「吃得苦中苦，方為人上人」的道理，但養成沒事就喊苦的抱怨心性，絕對苦上加苦。抱怨讓心情不美麗，覺得自己可憐委屈，譁眾取寵的刷存在感也於事無補。

雖然偶爾的抱怨是正常的情緒發洩，但千萬不要養成「出口成怨」的習慣，能正視自己的情緒，逆向思考轉念或找出解決之道，才不會讓自己變成一隻憤怒鳥。

「連假不是應該沒功課嗎？」

中秋節落在週六，週五彈性放假，形成了難得的三天連假。小朋友相當期待中秋節，返鄉探望親人，烤肉聚餐吃喝，氣氛頗為輕鬆。

若問學生是否舉頭望明月，多數人都是醉翁之意不在酒，忘了明月高掛，只求放假休息。

週四這天抄聯絡簿時，白板上有八個事項。

1 乙本 P9 ～ P11
2 數學重點 P4
3 讀〈滕王閣序〉
4 《三國演義》第二回人物關係圖
5 小日記：〈記中秋節〉
6 背國語課文 L2 兩小段
7 完成 L2 課文結構圖
8 帶美勞圖片

幾個學生看到便說：「為什麼今天還有功課，連假不是都沒有功課嗎？」

「為什麼連假就應該沒有功課？」我好奇學生的想法。

「因為要給我們輕鬆放假啊！」

原來學生對假期抱著期待的雀躍之心，也預設了長假免寫作業的立場，也有老師會在學生有好表現時，以減省作業為獎勵。

我並不反對班級經營中偶有「福利」，帶來生活中感受小確幸的愉悅，並讓師生情感和班級氣氛有所增溫。但眼前此刻，這個假期配合進度及課程需要，沒有免除作業的空間，否則收假後只會堆疊更多功課。另一方面，我更希望學生勿把「連假零作業」視為理所當然，而是能理性思考自己的需求是什麼。

「假期令人期待，但今日作業沒有辦法省去，如果延到收假後完成，你反而會覺得作業爆量，這是朝三暮四的道理。」我說。

我讓學生檢視，聯絡簿的八個項目，大概要花多少時間完成？

學生掐指算算，除了熟背兩段課文和中秋節當天才能完成的小日記，其餘作業一個小時之內可以收工。

「來吧！你們自己決定，是要連假零作業，還是收假後加量不加價？」我把選擇權丟回給學生。

學生三五成群討論之後進行舉手投票，全班二十四個人中，多數人希望如期按照進度完成作業，但有四個人希望假期有作業豁免權，這四位正是班上偶有遲交作業的幾位。

原本我想讓學生自由選擇，皆大歡喜，但依過去經驗判斷，我若同意這四位學生假期結束後再完成作業，想必是災難一場，學生可能會累積太多作業而便宜行事或是缺東漏西。於是我強渡關山，採少數服從多數決，全班以民意為依歸的維持原議，假期三天作業如常。

這是讓學生學習時間管理和假期規劃的好機會，想痛快享受三天無壓假期，可以利用這天瑣碎時間先背誦課文段落，或是放學後即刻開工大吉；也可將作業妥善分配在三天的各個時段。先苦後樂或是先樂後苦，都是自己的選擇。學生一致同意，過往經歷品質最差、感覺最糟的做法就是在收假前一晚的趕工，因為心如平原逸馬，易放難收。

最後，我分享著名的心理學實驗故事「先別急著吃棉花糖」，來祝福班上的孩子假期愉快。缺乏意志力與自制力，一遇上誘惑便放下工作學習、先追求享樂的人，成功的機率遠不及具有延遲享樂特質的人，自制功夫需要練習以及靜待時間的熟成醞釀。

一早就生吞青蛙

學生上學主要的目的是學習，「學習」這件事真的需要學習，掌握方法才會駕輕就熟，才能感受成功經驗而更加喜愛學習。如果能有積極的學習態度和維持學習熱情，一定可為學習創造更多樂趣並展現成效。

老生常談總說一分耕耘、一分收穫；事實是耕耘和收穫不一定畫上等號；而人性常好逸惡勞，玩樂比投入學習輕鬆愉快。

問學生較喜愛「玩樂」或「學習」？毫無疑問的，學生想要無憂無慮的玩樂最好；再問身為學生的職責，玩樂與學習的輕重如何拿捏？學生也能理智的說明，能專心學習才能放心玩樂，輕學習重玩樂就本末倒置了。

「學習是輕鬆還是辛苦？」我問。

學生誠實的表達感受是愈來愈不輕鬆，愈來愈辛苦。是的，學習從來都不是件輕鬆的事，想要達到攀升高度的成就，必定要投入艱辛心力，那就練習吞青蛙吧！

馬克・吐溫是學生熟知的人物，他曾說假如每天早上起床第一件事是生吃一隻青蛙，也就是在一天的開始就先完成最困難、最痛苦的事，接下來整天都會過得比較順利。這段幽默話語清晰易懂，學生也聽得津津有味。

「知道加上做到，才是學習的廣度，我們來練習吞青蛙吧！」我發出邀請。

「老師當真要我們吞青蛙？」學生困惑著。

「吞青蛙當然是個比喻，你必須想想要吞的青蛙是什麼品種類型。每晚睡前花三、五分鐘好好和自己對話，想想隔天要緊的事項有哪些，或你如何創造自己的進步。每日睡前拿出聯絡簿，寫下待吞的三隻青蛙吧！」我拋出重點並說明做法。

這個點子緣起於我閱讀了劉軒所寫《不敗學習力》一書，內容提到許多實用有效的學習方法，我將之轉換成學生可行的操作策略。

一天將結束的睡前時刻心思清明，此刻適合沉澱心思，做法是於聯絡簿上寫下隔天重要的待辦事項，每一句都要用「我必須」開頭。

學生常認為自己的做事學習都是被大人安排支配，心裡會升起「我得要……」的不得不心態，若是以「我必須」的心情面對，就能轉化看待為自我的責任，更具積極效益。於是，我們開始了「生吞青蛙呱呱呱」的練習。

一開始，有的學生抓不到重點，寫的事項十分抽象，例如：

「我必須專心上課。」

「我必須多運動。」

「我必須認真打掃。」

我請學生「化抽象為具體」，想想能確切執行的項目為何，之後再寫下清楚的做法，有困惑就與我對話。透過老師的引導以及抽絲剝繭，漸漸的，學生就能看見努力的具體方向。

「我必須在國語課筆記老師說的重點。」

「我必須提早十分鐘到學校，然後去跑操場兩圈。」

「我必須在打掃時把廁所馬桶全刷一遍。」

學生一早到校後先打開聯絡簿，讀一讀自己前一天晚上寫下的三隻青蛙內容。我鼓勵學生大聲讀出來，為自己加油打氣，然後拿出執行力，將三隻青蛙逐一吞下去。幾個活潑孩子作勢在聯絡簿上抓起隱形青蛙再放進嘴裡咀嚼的誇張動作，把大家都逗笑了。

我提醒孩子的是，不一定要每天換青蛙口味，就算好一段時間重複出現同一隻青蛙也無妨，重點是拿出決心魄力實踐，把一件事情真實做到好。

「我想要上課時不要一直回頭看時鐘。」這孩子是提醒自己別在上課時一心等待下課之意。

「我想要每天一大早進教室就向老師、同學大聲問好。」這是內向的孩子給自己的訓練。

「我想要游泳課時打水不要停下來。」

「我想要上課專心一點，想和同學聊天時就捏自己大腿。」

「我想要用好的口氣對他人說話。」

「我想要在明天早上晨讀時，達成自訂的班書閱讀進度。」

「我想要在打掃時，把白板的溝槽清乾淨。」

「我想要在老師問問題時，勇敢舉手發言。」

「我想要在週六早上練琴一個半小時。」

「我想要搞懂容量單位換算的數學。」

「我想要在一週內讀完《鹿鼎記》。」這個孩子連續一週寫的「我必須」事項都是這一條，他真的達標自己所設的閱讀挑戰。

逐漸的，孩子們養成利用聯絡簿沉澱思考與展開行動的習慣，潛移默化之中，心性更穩定，踏實的努力著，孩子也喜歡自己的微改變，完成的事情也比以前還要多更多了。

親愛的孩子，你的責任是你努力的方向，你不想做的事情絕對可以找到數不清的藉口，你若有心做好本分事，自然也會尋到方法。青蛙不好吞，學習之路也將充滿更多挑戰，但是你多吞多練習，體質慢慢也就適應了，感受的愉悅和自信也就愈加豐美。

15 玩出遊戲力與寫作力

連日冬雨已足足溼透兩週，隨著氣象報告說雨還有得下，大人小孩似乎都要染上雨天憂鬱。學生多不喜歡下雨，影響最鉅的是體育課常要改成室內課，下課的戶外活動都得停擺，活動中心的羽球場和桌球區依行之有年的場地使用辦法，給高年級優先使用，因此，四年級的學生好一陣子無處舒展筋骨，悶得發慌。

想玩要自己想辦法

這天，想帶學生離開教室動一動，我看中一處半開放空間，是連接教室與行政辦公室的穿堂。這裡像個小廣場，平日下課大家穿梭其中，放學後用做各安親班的集合地，場地也算開闊。

玩什麼呢？過往我曾在網路上看到一個九宮格的拋衣服速度達陣比賽，挺有意思的，我心想，讓學生玩玩這個應該頗有樂趣。但怎麼玩？如何玩出效度與熱度？

回想我們小時候鮮有現成玩具，想玩就手腦並用ＤＩＹ變出來。蒐集汽水、啤酒瓶蓋，用鐵槌敲平變成籌碼，放在地上鬥拚；一張色紙做出「東西南北風」；蒐集各色各樣糖果紙和小石頭、小樹枝擺放鐵餅乾盒等，好玩極了。然說起這些給現在的孩子聽，習慣玩精美套裝玩具組合的他們無法想像，還會嘲笑著過往老土哩！

小孩電力飽滿無處放電時，就讓他有事做，但我不打算告知學生遊戲怎麼玩，而是要他們自己觀察、領悟、統整，進而充分享受遊戲樂趣，一切自己來最好玩！

放聲思考，啟動觀察力

「雨下好多天了，想不想出去玩？」這個撩人的問句可想而知帶來震天價響的回答：「想！」

「有一個很棒的遊戲，怎麼玩，不知道，靠你們自己理解。」

於是，我播放影片。

影片中有六個人分成兩隊，一隊手裡拿著綠色衣服，另一隊拿著紅色衣服。比賽開始兩隊各有一人往前跑，將衣服投入擺放在地上擺成三排乘三的呼拉圈中，自己這隊的三件衣服都放完之後，便可移動地上自己隊衣物的位置，最快完成同顏色成一直線者為勝利方。這個遊戲基礎來自紙上九宮格，但不是兩隊輪流進行，決勝關鍵取決於跑步速度快慢。

隨著影片播放，放聲思考出現了，討論對話產生了。

「地上要先放九個呼拉圈。」

「一隊有三個人，要分成兩隊。」

「每一隊拿不同顏色的衣服，要往前跑放在呼拉圈裡面。」

「有一隊拿綠色衣服，另外一隊拿紅色衣服。」

「就是兩隊拿不同顏色的衣服。」

「要猜拳決定先後，咦？他們沒有猜拳呢！」

「應該是要輪流放在呼拉圈的洞洞裡面，看誰先連成一條線。」

「好像不是這樣，好像是比速度。」

「對耶！比速度，不是輪流放。」

「那要跑快一點啊！」

學生原以為是過往熟悉的九宮格遊戲，只不過是把畫圈叉改成丟衣服，但他們漸漸看出不一樣之處，看出新意，有了新鮮感。

我鼓勵學生持續將想法說出來，讓自己聽到，也讓他人聽見。

「我懂了，就是比速度。」

「三件衣服都放完了，就可以移動自己這一隊的衣服。」

「不可以移動別隊的衣服嗎？」

「不可以！你看，他們只移動自己這隊的。」

「跑快一點！啊！要跑快一點！」

「喔耶！紅隊贏了！」

學生看得激動也看出方法了。

「想不想玩？」我問。

「想！我們要玩！」學生熱烈的回應著。

「走！就來去玩！不過，道具物品以及分隊規則都靠你們自己喔！」

「好！」學生非常自信且流露出對放風遊戲的渴望。

放聲思考，邊學邊玩的大腦最活躍

我帶著學生兩手空空的來到大穿堂。

學生說得先把道具整備起來。於是七嘴八舌下有了分工，有人搬來兩張閱讀角落的小板凳當做起跑標誌；想到教務處有給課輔班專用的呼拉圈，所以一組人馬去借了九個呼拉圈；提到可以借大隊接力賽用的不同色背心當成投擲物，有人跑到學務處找體育老師，但是體育老師不在座位上，於是他們腦筋一轉，向衛生組借全新備用的抹布。衛生組老師拿出的抹布有各式顏色和花樣，學生挑走綠色抹布三條、花色三條，孩子們說這樣可以區分成兩隊。

道具建置好了，接著是更熱烈的討論。

學生自己分隊伍，比手畫腳中，還用地上格線區分出比賽區以及準備區。有人提議先挑選六人示範隊伍「試玩」，再選出裁判一位。一聲「預備—開始！」跑了一輪下來，大家修正細節，調整呼拉圈位置，然後再依「默契」分出實力相當的幾組三人隊伍。

我在一旁欣賞著學生的亂中有序，以及發展中的問題解決力，比平日更成熟的表達力，而他們也享受其中。

萬事俱備、時機成熟，裁判組、場地整理組一一就定位後，開始分隊比賽，遊戲開始了。

隨著跑者出發，加油聲也響起，一時不察放錯抹布位置就有哈哈大笑聲，速度被追上而逆轉勝就有尖叫聲，跑者困惑著如何調整抹布位置就有遠端指導聲……，氣氛熱鬧歡樂。孩子們一趟又一趟的跑著，下課了，引來人群圍觀，下雨天變成遊戲天，心情由雨天轉晴天。

遊戲力換檔寫作力

回到教室後，大家意猶未盡的說著遊戲種種，不停詢問何時可以再玩，我則另有心思。下課時眾人的駐足圍觀，甚至稱羨的神情言語，讓我靈機一動，打鐵趁熱把這次的遊戲經驗更上層樓，讓孩子練成說明文寫作。

「大家玩得開心，對吧？下課時好多人圍過來看，你們注意到了嗎？」我問。

這時孩子們神情有點得意，說聽到了「他們在玩什麼？」「好好喔！」「好想玩。」之類的羨慕話語。

「我看其他人也很想玩這個遊戲，看得眼珠子都快掉了出來。不如我們把規則寫下來，這樣想玩的人就知道如何進行遊戲了，畢竟學校裡也沒看誰玩過，你們可是『附小 Number 1』。」灌了點迷湯，孩子們爽快應允：「好啊！」

「哇！功德一件，精采可期。」我誠懇的加碼讚賞孩子，並告訴大家我們要大器的用海報紙寫，再大方的貼在穿堂。

我在白板寫下 What、How、Why，學生一點就通，說出：「3W說明文。」

賓果！從中年級開始帶這班孩子已經一年多了，打下的說明文基礎已有成效。

要介紹遊戲規則，說明文很適合。我們討論著「3W」：

- What「是什麼」——這個遊戲是什麼？
- How「如何做」——如何進行這個遊戲？
- Why「為什麼」——為什麼要進行這個遊戲？

根據這三個方向，再讓學生發想海報內容可以呈現什麼，大家腦力激盪的拋出想法，我協助板書整理，討論出四項最主要書寫的內容。

- 遊戲名稱
- 遊戲規則
- 準備器材
- 其他說明

我問：「哪一個部分是重點所在？」大家有共識的說是「遊戲規則」。

我再問：「遊戲規則需要清楚的步驟說明，常用的兩種方式是什麼？」

學生馬上回答：「條列式與關聯詞。」

太棒了，學生知道可以用「1、2、3、4、5」的數字標示，一條一條的序列出來，這是「條列式」。也可以用「首先－其次－然後－接著－最後」的語詞表現順序，這是「關聯詞」使用。

後續學生們隨意分組，自己尋找寫作夥伴，四到六人一組。形成小組之後「先說再寫」，先逐一討論各項要具體表現的文字敘述，再書寫在海報紙上。

「可以畫圖嗎？」學生問。

「當然好，圖示對說明文有強化理解的功能，圖文並茂也產生視覺愉悅的效果。」我說。

這是一堂輕鬆愉快的小組寫作，有的小組幸運取得先機使用大講桌；有的合併課桌椅圍坐討論；也有的在教室後方地板攤平海報紙，時而坐姿時而跪姿……，各有姿態，但相同的是專注與愉悅投入的神情，我相當歡喜看到共好的協作畫面。

寫作從遊戲開始

因為實際眼看、口說、動手動腳操作過，孩子們銜接到寫作的道路暢通無比，正是「Writing by Doing / Writing by Playing」的體現。

各組很快就完成了初版寫作，光是遊戲名稱就令人驚艷：「○○××衣服版」、「移動九宮格」、「九宮格真人遊戲運動版」、「九宮格大挑戰」、「連連看九宮格」，特別的是許多組別都另外加上簡單圖示說明，甚至有的還寫下提示和心得。寫作需要的就是創造孩子實作的經驗哪！

「這個寫作是要『大發表』，要貼在穿堂公開展示，要做為全校遊戲指南。如何讓它閃亮登場？」我問，希望刺激孩子們的榮譽感。

「字要漂亮工整。」

「要讓大家看得清楚，那就用粗的簽字筆或深色彩色筆來描。」

「有寫注音的要查字典寫成國字。」

「圖可以用不同顏色的彩色筆。」

其實如何表現，孩子心裡都清楚，老師只要適時提點，孩子都有心想讓自己表現得更棒更好。於是，有小組只修正細節、有小組想要全新海報紙謄寫，也有翻閱字典查國字的，二次作文開工，成就最終版六大張。

- **遊戲名稱：**九宮格大挑戰
- **準備器材：**呼拉圈九個、衣服六件（每三件一樣花色）
- **遊戲規則：**

1 一隊準備三件衣服。
2 把九個呼拉圈排成九宮格。
3 每隊三名隊員，每人手上拿一件衣服。
4 裁判喊「開始」，第一位隊員拿一件衣服向前跑，選一格放下。
5 回到隊伍要擊掌，下一個人才能再出發。
6 三名隊員都把手上的衣服放入九宮格後，即可移動自己隊的衣服。

7 先連成一線者獲勝。

・**其他說明：**

1 衣服可替換成抹布。

2 不能移動別隊的衣服。

★輸贏只是一時的，玩得開心才重要。

文字旁附有簡筆漫畫的圖示說明，圖文並茂的海報，書寫著孩子們的創造力與成就感，我大力讚揚著孩子們的優異表現。

經過學務處同意，我們把完成的海報貼在穿堂牆面上，當孩子們看到自己的大作閃亮高掛，嘴角都上揚了。

親愛的孩子，下雨天別擔心無聊，現成玩具和電子影音放一邊，幾個呼拉圈和抹布也可以玩到嗨翻天。愛玩是天性，玩就是你的生命，你就是要盡興的、用力的玩，不必花錢買玩具當做遊戲主要來源，用點巧思就能玩出新花樣、新況味。

玩具不需多麼完善，道具和空間可以不受限，人和人之間的互動跑跳也能創造樂趣，帶來生活養分。天氣不好，可以改變心情，把有限發揮到無限，如同這天你在雨天玩出遊戲力與寫作力，遊戲讓你變得能幹也收穫成就感，你真的太棒了。

16 唱得比說得好聽的語文課

小朋友對「成語」既愛且怕，愛是喜歡聽成語故事，怕是師長常出相關作業或考試，若一知半解或雙錘擂鼓的「不懂不懂」時，要能理解意義寫出解釋和練習造句就變成苦差事。我認同並推動成語教學，成語理解應用和說話寫作息息相關，善用成語俗諺不僅美化語言，省去千言萬語卻有畫龍點睛之效，也是精緻瑰麗的文字和文化。

搭課文便車學成語

低年級的孩子能不能學成語？當然可以！當老師心中有這樣的想望，自然可以將孩子帶往應許之地。講述的方式無趣，聽故事或玩語文遊戲都是好方法，我還有法寶讓學生記得輕鬆，就是「跟著課文走」。課文是完整的語言情境，比起單獨提取成語要學生死記，搭著課文便車呼應相關成語更能提升學習成效。

此外，我還有一個必殺絕技，就是「唱得比說得好聽」，這常是教學的無心插柳，就看老師的隨機應變，但常能柳樹成蔭又歡笑滿林。

第十三課　誰能上臺

（教材來源：翰林版國語一下）

誰能上臺說故事？小音不敢一個人上臺，亮亮說話會發抖，我會忘了要說什麼。每個人都害怕不能把故事說完。

大家想了又想，決定一起上臺，小音說故事，亮亮演狼，我演小羊。說故事時間到了，我們站在臺上，小音說完一段故事，亮亮和我就學動物叫：「喔——嗚——，咩咩咩——」同學們都笑了，為我們拍手。

故事說完了，大家都很開心。我做到了，我們做到了！

這是一年級下學期的國語課文內容。課文內容深究和形式深究之後，我們進行詞彙擴充。

「說故事這件事，小音不敢一個人上臺，亮亮說話會發抖，我們可以推論小音和亮亮的個性是如何呢？」我問。

「膽小、害羞、容易緊張、有點內向。」小朋友說。一年級孩子能夠有這些形容詞產出很不錯了。

「『我會忘了要說什麼』，就是我會『忘詞』啦！」一年級小朋友語彙能力沒有好到可以提取「忘詞」一詞，我就直接說明了。

學生同時理解了膽小的小音、容易緊張的亮亮和會忘詞的我，對於上臺說故事這件事的共同點是害怕。我們一邊討論，小朋友跟著將新的詞彙筆記在課本上。

「『大家想了又想』，這樣好嗎？那樣可以嗎？也就是左思——」我停頓下來等待學生接球。

「左思右想！」小朋友很高興接上了我的提示，說出完整的語詞。

「『說故事時間到了，我們站在臺上，小音說完一段故事，亮亮和我就學動物叫：「喔——嗚——，咩咩咩——」同學們都笑了，為我們拍手。』哇！好棒喔！好厲害喔！也就是拍手——」我又停了下來。

「拍手叫好！」小朋友喜歡挑戰詞語接龍，我給一點開頭，試探他們的語文程度，他們常常能喚起生活語彙的記憶，也得到挑戰成功的成就感。

「『故事說完了，大家都很開心。我做到了，我們做到了！』上臺說故事這件事，一個人能不能完成？」

「不行。」

「兩人呢？」我繼續問。

「不行。」

「三個人合作呢？」我接著問。

「可以！」

一問一答間，小朋友便知道說故事這件事是通力完成的。

「所以有句話說，三個臭皮匠，勝過——」我等著小朋友的接力回答，得到的是「什麼？」的懷疑口氣。

「就是三個臭皮匠，勝過一個——」我再多點提示。

「一個什麼？臭皮匠是什麼？」小朋友天真的回答表現了他們不懂。

「三個臭皮匠，勝過一個諸葛亮。」我解釋諸葛亮就是孔明，是歷史上有名的人物，以冷靜睿智著稱。而這句俗諺的意思是指三個才能普通的人聚在一起集思廣益，表現不輸甚至還贏過聰明的諸葛亮，就像課文裡三個人同心協力就能順利完成說故事的任務。

經過說明比喻後，小朋友懂了，開心的寫下筆記。

「說故事這件事，大家分工就把事情做得很好，也就是合作無——」我的手揚了出去，等小朋友接話。

「敵！」小朋友們異口同聲。

我噗嗤一聲笑出來：「小朋友，是『合作無間』，不是『合作無敵』啦！」一年級怎麼這麼可愛！

我接著說明合作無間也表現了「團結力量大」，就像課文裡三個人彼此合作順利完成說故事的任務。

隨著課文情境提取出成語和詞彙之後，便要讓小朋友把這些近義詞帶進課文裡讀一讀，比較和原文的異同。

誰能上臺說故事？小音膽小害羞，亮亮容易緊張，我會忘詞。每個人都害怕不能把故事說完。

大家左思右想，決定一起上臺，小音說故事，亮亮演狼，我演小羊。說故事時間到了，我們站在臺上，小音說完一段故事，亮亮和我就學動物叫：「喔——嗚——，咩咩咩——」同學們都笑了，為我們拍手叫好。

故事說完了，大家都很開心。我們合作無間，團結力量大，我們真是「三個臭皮匠，勝過一個諸葛亮」。

讀完後，學生發現，替換的語詞不改變課文原本意思，也能理解這些語詞的用法，這些語詞就是原本語詞的好兄弟——近義詞。

卡通歌曲唱進語文課

我總想方設法讓學生牢固知識，唱得常能比說得好聽，也更記得牢固。

「有一首歌是這樣唱的，你們聽聽看：『團結團結就是力量，團結團結就是力量，團結團結就是力量，團結是力量。』」我一句比一句唱得慷慨激昂，還握起拳頭打著清楚節拍，學生馬上反映：「這是頒獎的音樂。」

「有沒有感覺力量？」

「有，很強！」

「對，所以團結力量大。」

我接著問小朋友平日看些什麼卡通影片？男生說「鬼滅之刃」，女生說「佩佩豬」，我說我小時候看「無敵鐵金剛」。

「無敵鐵金剛是巨人機器人，每次要出任務去打擊壞人時，他就會變高變壯還高舉雙臂，muscle！機器手臂會發射出去咻咻咻——」我拍拍我的弱雞 muscle，模仿無敵鐵金剛要變身模樣，不計形象的演出逗得學生很開心。

「它的主題曲是這樣唱的：無敵鐵金剛，無敵鐵金剛，無敵鐵金剛……鐵金剛！鐵金剛！無敵鐵金剛……ㄉㄥ ㄉㄥ ㄉㄥ ㄉㄥ……ㄉㄥˋㄉㄥˋ……」我誇張的唱，學生也故意摀住耳朵說：「不要再唱了！魔音穿腦……」然後笑得前俯後仰。

「『無敵鐵金剛』的主題曲聽起來有沒有很有力量？」我問。

「有！」學生們大聲回答。

「所以無敵就是強，但我們不說『合作無敵』，要說什麼？」

「合作無間！」

「對，合作無間就是很無敵，這樣記住了沒？」

「記住了！」

「好，讓我把無敵鐵金剛唱完。」

「啊……老師不要再唱了！」

下課前照例要問學生三個問題：

「小朋友，今天學到什麼？怎麼用？用在哪裡？」

「學到無敵就是很厲害，是合作無間，不是合作無敵。」

「學到很多新的語詞和成語，膽小害羞緊張可以形容個性，學到拍手叫好就是說人家很棒，合作無間和團結力量大可以形容合作，要講合作可以說臭皮匠和諸葛亮。」這堂課就在琅琅讀書聲、歌聲及笑聲中結束了。

親愛的孩子，老師喜歡在上課時加點調味料，處心積慮的希望你快樂學習。課堂上每首歡樂的歌曲，每次有趣的對話，每個提問發球，都是在明確的教學目標帶領下，想讓你學得愉快、記得牢固。你若能沐浴春風學習，那是為師最大的喜樂，因為我對你是真愛無誤。

17 日常生活的閱讀實踐家

低年級課程有健康課和生活課會教導學生健康維護和生活知識，學校裡也有許多集會或活動表演，宣導健康管理和飲食的正確選擇。不過從小朋友的實際生活面來看，知識的體會和實踐不足，他們的飲食選擇常是廣告宣傳或包裝視覺討喜或味覺添加香料最受青睞。

例如，超市裡常見小孩被各式零食和含糖飲料吸引，吵著要買；孩子早餐選項或是課後點心也常出現調味乳，大人總是自我安慰：「至少孩子是喝牛奶的。」殊不知，喝下肚的恐怕更多是空熱量。

若直接告訴孩子購買食品前要閱讀營養標示，才能選擇有益健康的品項，孩子應該是興趣缺缺不買單，這需要師長「用點心」的引導。

是的，小天下出版的「用點心」系列橋梁書，就是我用來引導學生讀出閱讀趣味與生活品味的架橋。

低年級的閱讀帶領常以繪本為起點，在建立閱讀基礎與累積識字量之後，橋梁書就會隨之呼應。課堂上，學生吃著麻糬，領略了各式「點心人」逗趣的校園學習故事，這是第一集《用點心學校》的美好開始，學生不禁引頸期盼老師再帶來「Reading by Eating」的課堂驚喜。這次，我請出第二集《好新鮮教室》的牛奶班同學來助陣。

牛奶點心人來了

週二是低年級在校讀整天的時間，教室有安裝冷氣是這一、兩年的事，過往燠熱的夏日午後教室尤其窒悶，要孩子在下課奔跳一場後能迅速整頓心情端坐上課，實非易事。

這天豔陽威力持續發威，但今天是小朋友期待的週二，因為整天課可以延後放學銜轉去安親班的時間，加上我會固定在週二說故事、讀繪本或好書推薦，小朋友對週二有著憧憬。

「老師，講故事！」一上課小朋友便討糖吃般的要我開講。

「今天我邀請了用點心學校裡的牛奶班點心人來。」不賣關子，我直接打開單槍投影機，秀出製作好的上課投影片，小朋友一邊揮汗、一邊歡呼。

我唱作俱佳的講了故事中牛奶班舉辦「氣喘如牛」牛奶人跑步比賽的章節。各種調味乳點心人和鮮奶少女都來報名參賽，其餘點心人也組成加油團支持自己的崇拜對象。

一百公尺短跑賽時，鮮奶少女和巧克力牛奶人在終點線前並肩平行，大家以為鮮奶少女微微領先，沒想到裁判宣布比賽勝利者是巧克力牛奶人。鮮奶少女不氣餒，決心在二百公尺賽跑扳回一城。

第二場賽事中，鮮奶少女逐漸追過其他選手，也將巧克力牛奶人拋在後頭，最後以大幅領先之姿拿下金牌。

學生聽得興味盎然，又收穫了一個新鮮故事、認識了一本好書。此時，我假借要到辦公室拿東西，請小朋友在教室等待一下，小朋友不疑有他，乖乖的靜坐著。

前一日我早已買好牛奶飲品帶到學校放進辦公室冰箱，我再度返回教室時，小朋友見我從大背袋裡一一拿出各式牛奶飲品放在大桌上，陣陣鼓掌叫好「喔耶！」好似我是魔術師一般，將「牛奶班點心人」請到教室來了。

「這很好喝喔！」「是要給我們喝的嗎？」「口好渴喔！好熱好想喝喔！」小朋友毫不掩飾自己的「渴望」。

「是要給你們喝的沒錯！但是我們先來票選最受歡迎的點心人。」我一一介紹今天出場的有鮮奶少女姊妹花（全脂鮮奶以及低脂鮮奶）、蘋果牛奶姊姊（蘋果牛奶），還有一百公尺賽跑冠軍得主巧克力牛奶人（巧克力牛奶），以及果汁牛奶同學（果汁牛奶）。

電子白板上有五種奶品名稱，小朋友以生活中實際喜愛的飲品口味進行票選，大家依序上前用手輕輕一點白板欄位，便會出現代表選票的星星圖案，最後計算五種飲品（五位點心人）的得票數是：

- 全脂鮮奶——1票
- 低脂鮮奶——4票
- 蘋果牛奶——5票
- 巧克力牛奶——10票
- 果汁牛奶——10票

很明顯的，受歡迎的是調味乳。

天氣炎熱，為了避免飲品變質，我們得先乾為妙。小朋友拿出自己的乾淨餐碗或水杯、水壺，大口暢飲了起來。王子選妃最受青睞的當然是高票的調味奶，調味奶喝完之後，在眾樂樂的氣氛下，低脂鮮奶和全脂鮮奶也顯得好喝，每種飲品都瓶底朝天，這個週二下午格外消暑解渴啊！

喝過了冰涼牛奶，將瓶子清洗乾淨後，回到課堂討論。

我問小朋友平日購買各式飲品時，是否會注意包裝或瓶身上的文字訊息？

小朋友誠實的說不會，都是拿了就走。我邀請小朋友，藉著這個機會，我們來好好的來讀一讀包裝文字吧！

來讀營養標示

我們以分組方式，每一組分配一種牛奶空瓶，我要大家都讀一讀，看看瓶子上面寫了什麼。

平常未曾仔細研究過包裝文字，每個孩子都瞪大了雙眼，對著瓶子又摸又看，更有七嘴八舌的討論話語。

大家發現有「營養標示」、「超高溫瞬間殺菌處理」、「乳脂肪及非乳脂肪固形物含量」，還有需要冷藏的溫度等文字。

接著，我要大家聚焦「營養標示」這個部分。「食品營養標示常會用表格方式出現，這個小標示有大學問喔！」我說。

小朋友把焦點放在表格形式的營養標示，任務是閱讀上面寫了什麼，將觀察紀錄寫在紙上，再張貼到大白板上。

過程中，小朋友時不時要來問這個字怎麼讀、那個字怎麼唸，因為出現許多他們沒看過的食品原料和營養學的專業名詞。不過，第一次這麼仔細研究營養標示，大家顯得興味盎然，充滿新鮮感，也討論得十分熱烈。

當各組的觀察紀錄貼上來以後，這個總表（見下頁圖表11）就清清楚楚、一目了然了。

對二年級小朋友來說，總表的文字訊息及數字密密麻麻，已超過他們所能理解的範圍，我選定「原料」、「熱量」、「鈣」這三項來比較。

小朋友發現全脂鮮奶和低脂鮮奶的原料只有生乳和寡糖，而調味乳的原料好多。他們認真的點數，巧克力牛奶有七項、果汁牛奶有九項，蘋果牛奶最多，有十項。雖然小朋友不知道「寡糖」是什麼，但是可以清楚知道，全脂鮮奶和低脂鮮奶的原料最單純；調味奶有更多讀不懂的名詞。

「如果字數愈多，讀起來感覺奇奇怪怪讀不懂的，差不多可以歸為『化學添加物』。」我說。

小朋友秒懂了：「果汁牛奶、蘋果牛奶和巧克力牛奶有好多化學添加物喔！」

「熱量的排名呢？」我問。

「第一名是蘋果牛奶、第二名是巧克力牛奶、第三名是全脂鮮奶、第四名是果

品名	巧克力牛奶	全脂鮮奶	果汁牛奶	蘋果牛奶	低脂鮮奶
原料	生乳、水、特砂、可可粉、乳化安定劑、食鹽、香料	生乳、寡糖	生乳、果汁、水、砂糖、果糖、乳化劑、海藻酸鈉、香料、黃色 4 號	生乳、水、特砂、蘋果汁 20% 以上、羧甲基纖維素鈉、檸檬酸、蘋果酸、香料、食用黃色 4 號、5 號色素	生乳、寡糖
熱量	69 大卡	67 大卡	64.5 大卡	74 大卡	49 大卡
蛋白質	1.9 公克	3.0 公克	2.0 公克	1.6 公克	3.0 公克
脂肪	2.8 公克	3.7 公克	2.5 公克	1.7 公克	1.4 公克
碳水化合物	9.0 公克	5.7 公克	8.5 公克	13.0 公克	6.0 公克
鈉	40 毫克	45 毫克	32.9 毫克	40 毫克	45 毫克
鈣	0 毫克	100 毫克	0 毫克	0 毫克	100 毫克
優良標誌	×	CAS	GMP	×	CAS

（注：× 表示沒有標示）

圖表 11　牛奶營養標示總表

汁牛奶、最後一名是低脂鮮奶。」學生說。

「這代表什麼？」我問。

「低脂鮮奶熱量最低。」小朋友懂了。

「看看『鈣質』這一欄，你們有什麼發現？」我問。

「哇！只有全脂鮮奶和低脂鮮奶有鈣質，其他都沒有。」「喝蘋果牛奶、巧克力牛奶和果汁牛奶不會幫助長高耶！」小朋友紛紛驚呼。

學習的目的在於實踐

「讀過營養標示之後，老師要請問你們，以後選擇牛奶飲品時，你的決定會是什麼呢？」我問，並讓小朋友思考後，重新票選喜愛的飲品口味。

這回，大部分小朋友都在「低脂鮮奶」一欄投下一票，當有人站在調味奶欄位前躊躇舉起手要點下去時，其他人發出警告聲音「ㄏㄡˊ……」，這暗示的是：「你不應該點調味奶啊！這不是標準答案。」

「沒關係，你很清楚自己的感覺和想法，這沒有標準答案，忠於自己思考後的決定就可以了。」我並不希望學生揣摩老師的想法，失去自我的主張。

最後的結果是：

- 全脂鮮奶——0票
- 巧克力牛奶——3票
- 低脂鮮奶——25票
- 果汁牛奶——2票
- 蘋果牛奶——0票

看得出來，小朋友已能知道低脂鮮奶是健康的選項。不過，我還是很好奇選調味乳的小朋友是怎麼想的，我請他們說說自己的想法。

「我真的不敢喝鮮奶。」阿璋說。

「有一次我打羽毛球之後很渴，姑姑就買巧克力牛奶給我喝，然後，我就喝習慣了。」小辰說。

「我第一次選蘋果牛奶，但是它真的比較不健康，所以我後來就改果汁牛奶了。」小瑞說。

我讚揚沒有選鮮奶但勇敢說出自己意見的孩子，形成自己的想法並清楚表達也是重要的學習。

接著，學生以小組討論形式，將這一節課的閱讀體會寫在海報紙上，我們完成了一面「『好新鮮教室』閱讀金句牆」。

- 吃健康的比較好，雖然蘋果牛奶很好喝，但是不健康。
- 調味乳有那麼多色素，喝天然的最安全。
- 買吃的東西時，要注意看它是用什麼東西（我改成原料）做的，還要看有沒有營養。
- 雖然蘋果牛奶很好喝，可是熱量比較高，最好少喝一點。
- 好吃不一定健康，蘋果牛奶和果汁牛奶有色素，對身體健康沒有幫助。

「今天學會看牛奶的包裝文字和營養標示，這樣的能力可以表現在其他哪些方面？」我問，打鐵趁熱好讓學生產生學習遷移。小朋友很能舉一反三，說超市、大賣場裡的食品包裝都要看，泡麵、零食飲料更要仔細看，因為是常買的東西。

「雖然家裡採買的是大人，但是你有沒有想到好方法來照顧自己和家人的健康？」我又問，學習的目的在於實踐。

「可以跟家人說買東西要看營養標示，我會教家人怎麼看。」

「我會跟家人一起去買東西，我負責看營養標示。」

「我們很會看包裝的文字了，可以小兵立大功。」

「跟家人說要看『上面寫什麼』（指包裝文字），才不會亂買或是買到不健康的東西。」

在小朋友拋出的精闢結論下，我們共同收穫了一堂愉悅的飲食閱讀課。

親愛的孩子，閱讀不只在書本上，閱讀在每一個文字出現的地方，生活中的一張宣傳單或一瓶飲料、一包零食全都是閱讀的材料。色彩繽紛添加香料的食品充斥，各式零食飲品廣告十分吸引人，甚至讓你無力招架，但你可以拿出看家本領，用閱讀功夫讀文字包裝、讀營養標示，你可以是照顧自己及家人健康的小兵。

飲食是日常，閱讀也是日常，閱讀結合飲食變成日常判斷力，你對文字有感、對閱讀心動、對生活有品、對健康有益，你就是閱讀實踐家了。

第三章

修氣養心——品格態度的反思實踐

班級經營我希望「走心」，期待價值走入孩子內心，把學生的地位提升到自我管理者，能力才能真真實實的從學生身上長出來。

透過親密美妙的師生互動，分享生命中美好的事物，讓孩子對生活更有感，成為自己的主人。

18 一條班規用到底

開學第一週，許多班級事務一一建立起秩序。

選出班級幹部、完成掃除工作分配後，學生提醒我：「要訂班規。」

我反問這班五年級學生：「需要訂班規嗎？」

學生說需要。

我再問：「為什麼需要訂班規？」

學生答說，以前一到四年級的班級都會訂班規。

的確，班規訂定是班級經營重要的一環，我對於班級經營的想法很簡單，「素養」二字可以涵蓋一切。

走心路線的班級經營

「素養」在新課綱上路時喊得震天價響，大家都知道素養就是把所學應用到生活中，展現的是一種持續自我學習改變的能力與態度。因此，班級經營我希望「走心」，而非訂定教條管理，期待價值走入孩子內心，讓其真實感受「我願意有好表現，讓自己成為更好的人，並共榮班級」，而非「我被要求要有好表現，不要成為班級的害群之馬」，兩者大大不同。

記得當時年輕體力好，我也曾經以愛的教育奉行鐵的紀律，緊迫盯人、事事規範，結果就是想要師生相親相愛卻變成相殺相害，彼此緊張。隨著教學年資漸增，經驗累加中不斷修正想法與做法，我逐漸走向實踐素養與培養全人教育的班級經營模式。如果學生能夠自我管理，那麼便不用老師管理，能力才能真真實實的從學生身上長出來。於是「學生管自己，老師管得少」是我的金科玉律，做法上，要把學生的地位提升到自我管理者，而不是被管理者。

怎麼做？動之以情，曉之以理。

我請學生分享對班規的想法，學生說班規就是班級的規定，是要告訴大家哪些事可以做，哪些事不能做。

學生分享在低年級及中年級時，有的老師會把班規書寫張貼在教室前面的公布欄，讓全班都看得到以為遵循，或是某些時候全班要大聲誦讀；有老師要小朋友背誦並進行默寫考試，期望學生牢牢記住；有的老師則是把班規列印成單張，讓學生貼在聯絡簿首頁，以隨時提醒自己。班級做法不同，但可說是殊途同歸，大家都認為班規很重要，訂定班規是班級重要的儀式。

我告訴學生，新班級的確都會在開學之初制定班規，我也看到許多老師在社群平臺或臉書分享自己帶班級的方法和心得，班規從幾十條到三十條都有，「哇！三十條！」學生誇張的哇了一聲！

海量的班規壓力特大

「如果訂三十條班規，這三十條可能是哪些內容？」我說出自己的好奇，因為如果是我，應該想不到那麼多。

於是，學生在白板寫下他們心目中的三十條班規。

1 上學不要遲到，遲到要罰當值日生。
2 上課不要遲到，遲到的人不能下課。
3 不可以說髒話。
4 不要欺負同學。
5 口罩要戴好。
6 進教室前要用肥皂洗手。
7 見到師長要問好。
8 看到垃圾要撿起來。
9 吃飯時不要講話，出來打菜要戴口罩。
10 上課要專心。
11 上課不要講話。

12 上課不要吃東西。

13 上課說話要舉手。

14 常說請、謝謝、對不起。

15 打掃要認真。

16 不要亂丟垃圾。

17 下課時要把椅子推進去。

18 去上科任課時要關燈。

19 不要遲交作業。

20 午休時間不要講話。

21 不要說謊。

22 早自習要安靜，不要走來走去。

23 不要欺負學弟妹。

24 做人要誠實。

25 要準時交作業，作業遲交要罰抄課文。

26 在走廊教室奔跑要去學務處罰站。
27 座位要保持乾淨。
28 要尊重同學，不要霸凌別人。
29 要做好值日生的工作，不然要一直當值日生。
30 排隊時不要插隊，也不要講話。

學生從一開始的興致勃勃寫到十幾條時就顯得吃力了，後頭可說是拼拼湊湊、勉勉強強才完成三十條。

這三十條班規由學生自己發想，洋洋灑灑一字排開在白板上，甚為壯觀。我問學生：「有哪一條規定是你不懂的？」都懂。

我再把包含「不」、「不要」的語句用紅筆打勾，讓學生看看這些句子。「不要亂丟垃圾、不要插隊、不要遲到、不可以說髒話……，都是禁止的語氣，有沒有覺得洩氣的感覺？好像被人家指著鼻子說不可以這樣、也不行那樣。」學生眼睛盯著白板，像在思索我的話語涵義。

「如果說真的要訂定班規，我是比較喜歡正面、鼓勵的說法，『要如何』，而非『不要如何』。」學生有點聽懂了。

「老師，而且有一些其實是重複的。」沒錯，學生看出來了，例如「不要遲交作業」就是「要準時交作業」。

我再點出幾條加了罰則的，「違反班規要被處罰當值日生、被罰不能下課、被罰抄課文，這種感覺如何？」「感覺不好」是學生一致的回答，那就對了。來到學校主要目的是學習，而不是處處受限，時時防範不要踩到校規或班規的地雷，提心吊膽的擔心受罰挨罵。

「這三十條班規你們都記得住嗎？」學生誠實的表達記不住全部。

成交，一條班規

「有哪些班規對你們來說是新的規定？」我問。學生目光再次回到白板上，前前後後再細看一次。

「沒有嘛！顯然這些班規都是已知，是你們早就知道的。」我說。學生紛紛點頭同意。

「看看這些班規，都是你們一年級以來，老師們就不斷耳提面命的，也是生活課、導師課、綜合活動課和學校集會常常聽到的師長叮嚀提醒。都聽四年了，如果還記不住、做不到，還必須在升上高年級後拿出來當班規，就太小看你們了，也代表這四年來你們白活白學了，老師也白教了，一切都白費力氣了。」學生表情有點聽傻了，可能沒有老師這樣說過吧！

「要訂班規的話，你們覺得訂幾條班規合適？」

有的學生說可以嚴選三到五項，也有學生說最好不要超過十條，要不然牆壁版面會貼不下。

「班規你們要背起來喔！」我補上一句，學生馬上見風轉舵的說：「三條、兩條、一條。」

正合我意。「就一條，成交！」學生竟然不是鬆了一口氣的表情，而是不可思議的瞠目結舌說著：「真的可以一條？」

「這洋洋灑灑的三十條班規，不管是增是減，都可以歸納為一條，就是『自律』。」我在白板前比劃著收攏這三十條班規，隨即寫下大大的「自律」二字。

「你們喜歡被管嗎？」學生一致搖頭說不喜歡。

「你們認為老師喜歡管學生嗎？」我問。

一些學生露出困惑表情，好似這問題多餘，大人職責不就是要管小孩，小孩生來宿命就是要被管教，這有疑問嗎？

也有學生說管學生是老師的工作，大人管小孩、老師管學生，理所當然。

「我不喜歡管學生，我也不想管學生，太煩了！」我說。

「『管』這個字太不討喜了，『要你管』、『你管我』是大家常說的氣話，代表你不喜歡被人約束規定，我也嚮往輕鬆自在的班級氣氛，不想總是盯著你、唸著你。那好，我們一拍即合，你自己管理自己，『管』和『管理』不一樣，管理多了規律條理，就用『自律』二字管理自己，自律得自由。」我慎重其事、清楚而緩慢的歸納出我要經營的班級方向。

種下自律的有機種子

接著，我再解釋了「自律」。一個人的外顯行為便是言行舉止，是指一個人的言語行為以及姿態風度。

「簡單的說，你說的話和你做的事代表你這個人的氣質樣貌，顯現你的家庭教養。」這樣說學生雖會聽懂，但還是感覺抽象。

「你說的話不敢讓我和爸媽聽到的，應該不是什麼好話，那就別說；你做的事會害怕讓我和爸媽知道，會遮遮掩掩的，大概也不是好事，那麼別做。」我具體化自律的基本兩項內容。

我更做了個比喻，爸媽的車載著你行駛在路上，大家不會時時留意各處是否有警察，也不會想著避開攝影機來個超速違規，因為人人心中有一把自律的標準尺，引領我們愉悅且安全到達目的地，這是唯一目標。

如同班規一樣，「你說的話、做的事都是為了讓自己成為更好的人，成就自己也榮耀班級。」

於是，三十條班規化繁為簡的濃縮為精華「自律」二字。

在這節討論班規的課堂裡，我看到學生的神情從困惑、思索再到理解，我知道學生聽懂了，也在心中種下一顆自律的有機種子了。

親愛的孩子，自律得自由，話說出口、招式比劃出手前，先想想別人，再想想自己，這就是同理心和善念的表現，你必須是善良能同理的人。班規不是用來約束你、設限你的緊箍咒，也不是開學之初大家戒慎恐懼的遵守著、卻隨著時間久了而鬆懈遺忘的走味教條。

捨棄訂定密密麻麻班規，我看似是無為無能的老師，但你將因此有為有能。老師無微不至的規定和精心設計的嚴密規矩不會造就你成為一個能思考且負責任的人，只有在你能自覺，嘗試讓自己多思考、做決定，你才能強大自己，這比訂班規更重要。

19 誰應該去掃廁所

學校廁所應該由誰打掃？這個問題各校處理方式不一，家長、老師的態度也不一致。若問學生，幾乎一致的舉手說：「我不要掃廁所！」那麼，沒人願意打掃該怎麼辦呢？學生的回答是：「花錢請人打掃！」

我服務的學校是國立小學，許多人可能認為國立小學是貴族學校，想當然耳廁所也是委外打掃。錯了，一直以來，學校裡共十處廁所都是由五年級的五個班級負責清潔工作。

早期曾有家長表示，孩子在家沒有打掃廁所經驗，擔心孩子年紀小掃不乾淨，家長釋出善意願意出資委請專業清潔人員打掃。能用錢解決的事情都是小事，然而品格涵養是大事，絕非金錢可以衡量。歷屆校長都認同打掃廁所是生活教育的一部分，因此打掃廁所成為本校五年級學生的「成年禮」，是晉升成為高年級的儀式，高年級身分表徵的任務及挑戰之一，就是掃廁所！

誰該去打掃廁所

五年級開學之初，學生的打掃任務要快速分配，眾人才能就定位。關於掃廁所這件事，我想先攻心，讓學生打從心底認同及接受這件事，才能甘願做與歡喜受。

我先問：「學校廁所是否乾淨？」大家都點頭稱是。

是的，學校幾處都貼上模範廁所貼紙，行政單位在翻修時用心設計，以磁磚拼貼畫讓環境美輪美奐，也鮮少聽到學生抱怨廁所不潔而不敢去上廁所的情事。

「掃廁所的人是誰？」我再問。這問題引起大家的興趣，每天都要使用廁所，但好像真的沒仔細想過或觀察過，打掃廁所的人是誰。

「五年級學生。」我自己回答了。

「那我不要升五年級了。」「Oh my God，那很噁耶！」「真的假的，從這一屆開始嗎？那我們很倒楣耶！」「為什麼不叫〇年級去打掃？」〇從「六」往下喊到「一」，就是跳過「五」，表示五年級的「我們」，不想掃—廁—所！

馬上有人提出請清潔公司打掃的建議，分攤在學費裡，每個學生一學期花不了多少錢。

的確，許多家長心疼孩子去掃公共廁所，或擔心孩子衣服鞋襪弄溼等，於是愈來愈多學校委託清潔公司負責校園廁所清掃。

我先說了一段學校的廁所打掃歷史，從我到校服務二十多年來，再加上之前聽聞，「由學生打掃廁所」一直是本校的慣例，這件事甚至變成附小的優良傳統，今年也將繼續執行，目前沒有轉圜餘地。

學生都聽過「使用者付費」的說法，類推到掃廁所這件事來看，「有使用校園廁所者打掃」這個觀點大家也能接受。於是，我們先建立共識，全校的師生都有使用廁所，全校的人都有責任打掃廁所。

只是，該由幾年級來掃廁所？

「六年級，六年級比較成熟。」學生說。

「有點道理，但這一屆六年級學長、學姊在五年級時已經掃過了，應該退役了。」我說。

「給低年級掃。」提議的人話才落下，便被大家糗了一頓，低年級小朋友掃把拿得搖搖晃晃，要他們去掃廁所是強人所難。

「那就給中年級學生掃。」學生一路硬拗，就是不說出自己所處的五年級。

「你們在中年級時也沒掃過廁所啊！何況，打掃廁所比起一般教室打掃來得更專業、更有挑戰性，高年級應該比中年級更能勝任。」我說。

「老師也有使用廁所，老師也應該要掃。」小安說出了自己的想法。

「我同意。老師不是督導，而是陪伴。我當然也會陪著大家一起打掃廁所。」校園裡的打掃時間是全校總動員，穿著美麗妝服、腳踩跟鞋的女老師一樣拿起竹掃把掃著廣場落葉，或在太陽下陪著孩子清掃操場水溝蓋及偶爾出現的狗便。

孩子，你們不知道的是，放學後老師更將教室清潔消毒工作一肩挑，你們永遠不用懷疑老師會在掃除工作中嚴以律「學生」、寬以待自己，老師做的永遠比你們所想像的還要多更多！

「老師，我們是來學校讀書，不是來掃廁所。」說這句話的小涵帶動了一些同學的附議。

「此言差矣！倒不如說你是到學校來學習，而不只是來讀書。『學習』包含什麼？」我理直氣和說著、也提問著。五年級學生早已能頭頭是道說著德、智、體、群、美要五育均衡。那就是了，學習範疇寬廣，豈只是國語、數學、自然、社會。

「哪個年級該掃廁所？摸著良心說吧！」我開個小玩笑要學生回答問題。

「五年級！」大家異口同聲。

「很好！成交！」我鼓掌慶賀大家達成共識。

對掃廁所優點轟炸

「既然大家都同意掃廁所是五年級的試煉，那麼是要皺著眉頭或心平氣和還是帶著笑容去打掃，全憑個人選擇，不如就對這件事優點轟炸吧！」我提議，希望學生能感受掃廁所這件事的正向價值。

在小組討論之後，當海報貼在白板上，洋洋灑灑的文字讓大家發現，原來掃廁所這件事還是有不少利多呢！

- 掃廁所可以鍛鍊體力。
- 掃廁所可以加強嗅覺訓練。
- 把廁所打掃乾淨時會有成就感。
- 雙手萬能，沒有雙手做不到的事，沒有雙手洗不乾淨的廁所。
- 可以將在學校掃廁所的能力帶回家裡幫忙家事，減輕家人的辛勞。
- 可能會變成清潔達人，以後可以開一家專業清潔公司。
- 可以向沒有掃廁所的學校的學生炫耀我們有掃廁所。
- 訓練團隊合作，體會分工合作的意義。
- 體諒打掃人的辛苦，以後使用廁所會感恩。
- 己所不欲，勿施於人，掃廁所學到同理心。

- 讓大家用廁所用得放心，我們自己也會覺得開心。
- 可以討論打掃乾淨的祕訣，再看看方法好不好用。
- 訓練修養，培養耐性。
- 培養不怕髒的個性，以後就不用怕做其他的掃除工作。
- 透過掃廁所更加認識同學的個性，篩選朋友（學生是指團體中有些人會混水摸魚，有的人盡責認真，可以透過團體工作觀察同學的特質）。

「是否對掃廁所這件事產生改觀？」我問。

學生坦承已經不像一開始那麼排斥，但也有疑慮：「在班級裡，誰會被派去掃廁所？」想當然學生在意的是公平性，我雖有腹案，但也想先聽聽學生的想法。

學生很快凝聚共識，既然掃廁所有益處，人人都可以體驗一下。我們班要負責的廁所有兩處，還有活動中心二樓和教室打掃。大家建議分成兩大組，一組廁所，一組非廁所，大組裡再分成兩小組，兩大組上下學期交換，這樣一來，掃廁所，人人有機會。這也和我的想法不謀而合，看來學生已能啟動理性思考。

最後，我對孩子們說，我的三個孩子就讀附小時，也都經歷過掃廁所工作，而後中學六年學校都是委外打掃，大學住宿也不用負責廁所清潔。因此，求學生涯中就是小學這階段能有和同學一起打掃廁所的回憶，不一定美好，但絕對深刻。最重要的是，感受了打掃廁所的辛苦，更能將心比心的在使用廁所時保持清潔，以免帶給清潔人員負擔，這是勞動工作中的珍貴體會。

親愛的孩子，孟子說：「天將降大任於斯人也，必先苦其心志，勞其筋骨。」這樣的話語對你來說高遠了點，因此，我沒有對你說，但日後希望你有所領悟。廁所清潔工作對國語、數學分數雖然沒幫助，但彎腰低頭、刷洗擦乾抹淨的勞動，除了為日後獨立做準備，也能省思自我過去使用廁所的禮儀。

當你能體會打掃廁所不是一件輕鬆的事，而是一項專業，並且在過程中學習生活化的品格模仿與認同，你將走出「慣小孩」的養尊處優。挽起袖子走入校園廁所清掃，你也將為自己走出新的格局和視野。

20 報復昂貴且無用

學校是小型社會縮影，學生來自不同家庭背景，每個孩子的性格各異，尊重和諧是導師日常的叮嚀，但學生間很容易因為芝痲綠豆小事而起口角爭吵，煞不住車演變成肢體推打，愈演愈烈可能延燒至家長互不諒解。這種「無事變小事，小事成大事」的導火線常是因報復的念頭升起。

脫稿演出的推打

這天學生在地板教室上完體育課要到走廊穿鞋，匆忙間小嘉碰撞到小天，小天不悅便推擠回去。「有誤會要立即道歉則逢凶化吉」、「看別人不順眼時要調整自己」，這些道理平日耳提面命，但關鍵時刻學生常理智線斷裂，全憑情緒做主。

兩人平日是會玩在一起的哥們，此次碰撞推擠說穿了是小事，理想狀態是小嘉應該立即道歉說聲：「抱歉，我不小心碰到你。」或是「對不起，你還好嗎？」小天若能回應：「沒關係，請你下次小心一點。」或是「你弄痛我了，但我接受你的道歉。」如此則相安無事。

然而，學生常脫稿演出。

小嘉自認為「我只是小小力不小心碰到你，你竟然大大力回推我」，一時間嚥不下一口氣，他便回敬小天一個推手，小天也不甘示弱，於是兩人你來我往三回合才停手。這時三比三也該算扯平，事情本可落幕，但小嘉心有不甘，伸出食指戳了小天一下，再一溜煙跑走，自以為占到上風，留下氣呼呼的小天。

小天回到教室向我投訴：「小嘉打我。」我心想小天平日不是忍氣吞聲型，哪有那麼容易被人欺負，經了解前端兩人早已互有出手，那就不是單純一方委屈了。

通常高年級學生有糾紛的時候，我會請雙方先溝通，釐清事實真相，該道歉的道歉，可以接受道歉就握手言和，不能接受道歉就表達情緒想法，彼此想好解決之道再向我說明。

適逢放學時刻，我看兩人情緒也平和，便請兩人先溝通，看能否取得共識，但我叮嚀在前：「嚴禁動私刑。」我站在教室前門準備放學，兩人就站在我身邊。

小天很在意小嘉最後戳他一下就腳底抹油溜之大吉，認為小嘉「欠他一下」。儘管小嘉認為自己只是輕輕戳一下，但小天執意要討回這一下。我告訴小天他也動手了，不是單純受害者，事緩則圓，再次提醒兩人理性溝通，絕不可動私刑。

一邊放學的同時，我看到小嘉向小天九十度鞠躬說：「對不起。」沒想到得理不饒人的小天竟說：「我不接受，我要討回一下。」騎虎難下的小嘉也因為真的有戳人家一下自覺理虧，便同意小天打他一下。怎知有點壯碩的小天對著小個子的小嘉胸口重重揮出一拳，這一幕我來不及阻止，更看傻了眼。

這一拳不輕，當下先確認小嘉沒事，後續聯繫雙方家長，持續關注小嘉的身體狀況，幸好無恙。然這件事餘波盪漾，雙方家長互有微詞與堅持，學務處與輔導室也協助處理，小天執意討回一下的痛快維持不久，反將自己推進一個牢坑。

報復是可怕的情緒

隔天，我們在班上討論此事，把衝突事件化成機會教育。問小嘉和小天是否後悔？兩人點頭如搗蒜。再問，如果把時間倒轉回當時，兩人會怎麼做？都頭頭是道的說著第一時間要道歉，不要衝動之類的話語。

我在白板寫下：「沒有比報復更昂貴、更沒用的事情了！」這兩句話正足以詮釋此事。當心起報復，事情可能走向萬劫不復，報復之心真是可怕的情緒。

日後學生的人際相處不免仍有衝突糾紛，我想更深入的討論，面對紛爭如何理解自己的心情感受並做好情緒管理。我讓學生提出想討論的問題或困惑，任何發想都可以。

「對於不公平的事，我們要忍氣吞聲嗎？」「如果真的很想報復別人怎麼辦？」「報仇真的不好嗎？」學生提出了三個問題。

我先對「報仇」二字提出看法。有時候，在我們認為自己遇上不公不義的事情時，會搬出「復仇」二字，但是我認為「仇」這個字下得太重了，仇是指「深切的怨恨」，手足同學之間何以用到「仇」字？我說「復仇」、「報仇」太沉重，就說「報復」吧！

我先問大家是否有過「報復」的經驗。孩子們說的多是兄弟姊妹間的紛爭，常是一言不合或物品借用或打鬧過頭等事起紛爭，覺得自己沒錯都是別人來招惹，心有不甘時會自以為聰明想出整對方的方法，有時得逞、有時兩敗俱傷被爸媽處罰。

我說先來界定什麼是「報復」，根據字典的解釋是「對傷害自己的人，以類似的手段進行反擊」，而從大家的分享抽絲剝繭來看，「你真的受到傷害了嗎？抑或只是情緒的過度反應？」

「可是，有時就是有人會來惹我啊！」

「有的人看起來真的很『白目』，讓人受不了。」

「如果你對每隻向你吠的狗都停下來扔石頭，你永遠到不了目的地。」我在白板寫下前英國首相邱吉爾說過的這句話。名人名言總能有一點就通的特效。

學生豁然開朗，這句話也解釋了為什麼大家常在與同學或兄姊弟妹吵過、鬥過後，發現自己原本的工作或作業進度大落後，甚至還一事無成。

學生也困惑著是否對於別人的挑釁都必須忍氣吞聲呢？當然不是，孰可忍，孰不可忍，自有界線，如果是霸凌或流血受傷情事，當然要告知師長，尋求合理的解決方式，這天我們要討論的是情緒的過度反應。

首先，我讓學生知道，人性本來就有善念和惡念並存，七情六欲主宰著我們的情緒。以為委屈時，有些人或多或少有著「要對方不好過」的心態，這是正常的心理反應，正視自己的情緒是必要的，管理情緒更是需要學習。

密碼三三三，平息報復很簡單

「如果升起報復之心該怎麼辦？」

學生分享了幾個好方法：離開現場、告知師長、不要管他（無視他）、在紙上寫下想法，等氣消了以後再想想是否還要真的這麼做……。接著，我在白板寫下「三三三」，學生好奇著這是什麼神奇數字。

三遍深呼吸、三次給機會、三天後執行。

怒氣升起先深呼吸三次，緩和自己情緒；再者也可以在韓劇中學好方法，給彼此三次機會；如果還是很想給對方一點顏色瞧瞧，那就接納自己的想法，但緩一下等個三天，看看三天後的心情和想法是否有所改變。事實上是不用三天，有時三小時後就忘得一乾二淨。

我分享了韓劇的一段劇情。

一對男女戀情穩定後，男方邀請女方到家裡吃飯，見見他的爸爸、媽媽。女主角因為家裡有身心障礙的姊姊，擔心男方父母因此不接受她，於是自尊心頗強的女方說：「如果我察覺你的爸媽不喜歡我，我會馬上離開。」男主角請女方為他忍耐三次，若集滿三次不舒服的感受，他不攔阻女主角離開。

車子開到家門口，男方父母在田裡工作，女主角客氣的點頭打招呼，只見男方父母一臉嚴肅，毫無笑容，女主角說：「我忍第一次。」

接著，在屋內，女方想要幫忙端菜，男主角媽媽揮手表示不用，轉身呼喚兒子來端，女主角以為男方媽媽不喜歡她，便說：「我忍第二次。」

吃飯時，媽媽還是表情淡定，但夾了菜肉放到女主角碗裡說：「父母不在，你獨自照顧姊姊辛苦了。」男主角爸爸也木訥的指著自己兒子說：「如果他以後欺負你，你就跟我說。」

這時候女主角才明白，男方爸媽並非不歡迎她，而是不擅表達。如果她沒有忍兩次，一開始便掉頭就走，場面可能很難看，也沒有為自己等到機會，看到男方爸媽釋出善意。

學生聽得入迷，也聽出重點是「三次忍耐」，這三次忍耐是給自己和對方機會，也許事情有轉圜餘地或意想不到的逆轉。

報復真的帶來心滿意足嗎？

「深呼吸三遍，給三次機會，再等三天後還是很想報復，真的可以動手嗎？」

學生等著我的答案。

「那就動手啊！」

「真的可以嗎？」

「三天七十二小時後你都還在怒火中燒，我哪能擋得住你？」學生對於老師的「恩准」反倒覺得不可思議。

「不過，做決定前要慎思，做決定後要負責。就這樣，我常講，你記不住我也擋不住。」我說著。

「報復過後，你真的比較開心嗎？事情真的如你所願嗎？」我又問。

小嘉想報復小天，於是戳他一下跑了，那輕輕一戳當時解了心頭之氣，卻沒想到為自己帶來後面重重一擊。小天也想報復小嘉，執意討回一下更不懷好意的下重手。這一下讓自己得意不過一陣風，之後湧上心頭的是更多擔心，擔憂回家面對父母的責罵、學校校規處分等，實在得不償失。

新竹市曾發生一則駭人聽聞的人倫悲劇。一戶家庭因次子認為父母財產分配不公，某日又起爭吵，兒子報復之心油然而生，竟去加油站買了汽油返家縱火，總共八人送命，家毀人亡。儘管嫌犯聲稱不是故意且無比後悔，但一切已無法挽回。這則新聞我校學生都知道，事發地點在市區鬧街，也是許多學生常經過之處，這則新聞正是報復之心最血淋淋的悲慘事證。

學生體會到報復後的開心是一時，隨後卻有更多擔心。擔心對方來報復，擔心被發現，還有人表示曾報復了兄弟姊妹，結果對方之後還傻呼呼的對自己好，反讓自己覺得不好意思。

「會想要報復是因為你以為報復後心情會比較愉快，這個想法會讓自己不斷回想不愉快的過程，其實自己沒有比較好過。因為懷抱著報復的想法，所以你會加深自己的憤怒，心思上都放在計劃如何復仇，又回想對方的不好，反而容易讓自己更火冒三丈。就算你真的獲得一下下的報復快感，可是之前你已經損失太多。」

對於我說的這段話，學生是沒有想過也沒有聽過的，但有恍然大悟之感，「對耶，反而自己虧大了。」

「如果你想報復的對象是手足，那麼傷的是父母心；如果你想報復的對象是同學、朋友，他的目的就是想激怒你，你不要讓他得逞就是最好的報復。報復其實帶著能量，你想想是要把這樣的能量用來計劃報復，還是轉成催化劑，過得比對方好就是最好的報復。」

「以眼還眼，使人盲目。」我下結論，學生舉一反三說：「以牙還牙，牙齒掉光。」那就記住這無傷大雅的小笑話，也記得別讓自己瞎了眼或掉光牙齒吧！

親愛的孩子，韓信能忍胯下之辱，蘇東坡也說：「匹夫見辱，拔劍而起，挺身而鬥，此不足為勇也。」我不期望你成為有過人之節的豪傑之士，但你需要學習溫柔對待他人，也是溫柔對待自己。人際相處能相親相愛是彼此成就，做不到相親相愛也別相殺相害，那會得不償失，甚至玉石俱焚。

情緒管理與人際相處需要慢慢學習，老師的分析建議不是特效藥，不見得一次使用立即成功，我的叮嚀是希望你沒有大人在身邊時，也能夠做出正確判斷。物以類聚，人以群分，報復最笨，就看你想讓自己成為哪一種人了。

21 敬陪末座的大隊接力賽

若問學生，校園裡最期待的活動是什麼？十之八九回答運動會。

若是再問學生運動會中最熱血的競賽項目是什麼？你聽到的回答絕對是大隊接力莫屬。

我校的運動會大隊接力賽值得稱頌的做法是全班參賽，而非挑選菁英選手，因此沒有人坐冷板凳。不管是飛毛腿或慢郎中，人人都是選手，都要在團體項目貢獻一己之力。

也因為班級裡大家跑步速度參差不齊，領先落後時有交替，我校大隊接力競賽更具有話題性及刺激性。

坐四望三卻落五

每個班級有擅長項目與群體風格，我帶的這一班走文青路線居多，沒有「放山雞」類型，學生看武俠小說成痴卻不練武功，下課少見他們抄起籃球大喊：「快，去搶場地！」他們也不迷戀樂樂棒球，喜歡打羽球和桌球但嬉鬧成一片很快樂。因此，運動會的徑賽項目我不抱太大期望，尤其是眾人熱議的大隊接力。果然，平日共同體育課時的練習與預賽，在五年級五個班級中，我班排在第四。

學生說自己有「恥度」，希望拿個響亮名次，我鼓勵有鬥志雖好，但無須一步登天，若能從第四名拚到第三名也是進步。學生將擠進第三名當成小小里程碑，下課加強練跑、練傳接棒，分析各班戰力，排定棒次又不斷調整，群策群力投入。

運動會當天，校園裡各班鮮豔的班服和旗海飄揚，妝點出熱鬧歡騰。各項賽事如火如荼緊鑼密鼓進行著，終於來到五年級大隊接力登場。檢錄之後，大家抬手、扭腰、轉頭、拉筋，做足暖身，期望在彩虹跑道上展現最佳戰績。

首棒跑者隨著哨聲一響噴飛前進，戰況立即激烈了起來，隨著棒次接替各班互有領先。我班最佳戰績曾經拚到前二但曇花一現，接棒後腳程快的別班男生易如反掌超越我班嬌弱女生；多數時候我班就在第三和第四名間上上下下。

來到最後一棒時，我班屈居第四，落在最後的別班跑者緊追不捨，場邊吶喊尖叫聲響徹雲霄。只見兩人幾乎同時通過終點線，目測很難斷定名次，學生祈禱著守住第四名。隨後公布名次，麥克風無情宣告，這場比賽我們敬陪末座。

對於競賽名次我一向抱持平常心，儘管坐四望三卻落五，但人人盡力便行。運動會前我也諄諄教誨，人人各有所長，功課優異的孩子體育不一定在行，擅長跑跳飛奔者，運動會便是你的主場秀，大家盡其在我互相尊重、欣賞悅納，這比名次更重要。還好，墊底拍板定案後，沒有聽聞誰對跑得較慢或被追棒的人有所責難，看看大家臉色無異樣，似乎也能接受倒數第一的結果。

力圖翻盤的撞人之說

隨後六年級接力上場，眾人也將焦點移轉回跑道上的激烈賽事，緊接著便要舉行閉幕典禮，各班陸續要進入操場就定位。

這時，幾個孩子過來告訴我：「老師，大隊接力最後一棒時，某班某人撞我們班小佑。」幾個人連袂而來感覺是人多好壯膽，但是最後一棒跑者當事人小佑沒有來。我一時沒答腔，學生趕緊補充：「真的，我有看到小佑被撞到。」情緒有點激動，音調有點高亢激昂，希望我採納相信之意。這時響起閉幕音樂，我說：「回教室再說。」幾個人悻悻然離去。

不一會兒，陸續頒發獎項，兩個女孩跑到班級隊伍最前頭對我說：「老師，真的啦！我們班小佑被撞到。」又急又快的語氣，似乎要把握最後一刻提出抗議，不然獎項頒下去，木已成舟就無翻身餘地，只能站在頒獎臺最低階收下第五名。

我問兩個女孩：「所以，你們現在想要提出抗議，判錯了，不公平，是嗎？」兩個人不死心：「真的有人撞我們啊！」「我們要去跟體育老師說。」會場上麥克風聲響和鑼頭頒獎樂及各班歡呼聲震耳欲聾，司令臺前老師們也忙碌著，我扯開喉嚨說：「時機不對，回教室再說。」兩個女孩功敗垂成，不服氣的碎唸著：「明明就是我們被撞到。」

閉幕結束回到教室，學生的情緒需要安撫，我問：「你們對大隊接力的結果不能接受是嗎？」

一片靜默。可能揣摩著我對這件事已有定見。

「有意見要表達，有誤會要澄清，有問題要解決，說出來沒關係。」我說。

「別班撞我們班小佑。」有人發聲了。

「佑哥，你說說看。」擔任最後一棒的小佑是班上唯一男生田徑隊員，顯然大家對他寄予重望。小佑靦腆的說：「好像有人撞到我。」

「好像？是好像還是真的？」被我一問，只見小佑先歪頭再聳肩。

「你不確定嗎？」我追問。

這時有幾個人聲援：「我有看到。」

依規定，跑完棒次的跑者都必須回到場內等待區，在班級隊伍內席地而坐，等待賽程結束，因此，這個「看到」是有點距離的。

「你們都知道，附小的運動會一向慎重，不只有清大體育系的師生來支援裁判工作，兩個接棒區也都有裁判且全程錄影，專業裁判沒有提出異議啊！」我提點。

「閉幕頒獎時，你們還想著翻盤的機會，我想一定是跟梁靜茹借了勇氣，想幫班上爭取好的名次，這點我是肯定的。」我先同理及讚賞孩子們的心意。

「當下我們應該怎麼爭取權益？」我停頓了一下。

「當時每個老師都忙碌著，難道我們要不管典禮程序，跑向臺前說：『抗議！抗議！我們班被撞到，比賽結果要重判。』是這樣嗎？」孩子們靜默聽著。

「那樣就貽笑大方了。我們可以提出意見，OK的。不過，需要的是正向積極的做法，不是情緒化的表現。要申訴也要懂方法，你們都五年級了，這也是你們第五次的運動會了，知不知道申訴的方式？」我問。

大家面面相覷，公布欄上一直貼有運動會競賽規則，顯然學生沒有細看。

「競賽時發生牴觸規則的行為，可在比賽過後和場地裁判口頭討論，倘若對裁判解釋有疑慮，可在成績公布後三十分鐘內，向裁判長提出書面申訴，未依規定時間內提出者不予受理。」我讀出申訴辦法。

學生便知道，因為沒有熟讀規則，兩個提出申訴的時機都錯過了，只任由情緒主宰大腦，自以為是的說法站不住腳。

雖然搬出法條，但我知道學生還消化不掉情緒。

「競賽那麼激烈，要在接棒區的混亂中辨識隊員和順利接棒有難度，就怕人人以自己角度所看、所聽為標準。可是，你們心裡還是納悶著，我們就活該被撞嗎？好歹第四名也比最後一名好聽，對吧？」我說著，有人誠實的點了頭。

「我是接受最後一名這個結果的，技不如人，不如反求諸己。」面對失敗也是勇氣的展現，第五名從來不在預期之中，承接需要勇氣，我展現深厚的安定穩定情緒給孩子們做身教、言教。

鮮奶少女的金牌故事

「記得『用點心學校』吧！」點心人師生在校園裡妙趣橫生的大小事，能讀出趣味也帶出哲理，學生在中、低年級便對這套橋梁書耳熟能詳並一集一集追著讀。

「用點心學校第二集《好新鮮教室》裡不就有類似情節嗎？」

接著，我跑馬燈般快轉了書中『氣喘如牛』牛奶人的跑步比賽。「鮮奶少女和巧克力牛奶人在一百公尺短跑比賽的終點線前不相上下，裁判判決鮮奶少女以零點零零零一秒的些微之差敗給巧克力牛奶人。鮮奶少女的好朋友不服氣又生氣，說他們看到的是鮮奶少女先過終點線，他們大喊抗議、抗議。」我講起了故事，學生眼神亮了起來。

「朋友大力聲援，反倒是鮮奶少女自己說：『眼睛會騙人，數字會說話。』」我加重了這兩句話的語氣。鮮奶少女認為自己是因起跑失誤而無法將差距大幅拉開，這才造成終點線前的紛爭，她決心在第二場賽事拿出最好的表現。過去一年她努力增強實力，減脂變成『低脂鮮奶少女』，加上第二場二百公尺跑步比賽，她避免了起跑失誤，所以遙遙領先所有選手，也把巧克力牛奶人遠遠拋在後面，她是貨真價實的金牌得主。

以前帶學生讀這本書時，我仿效故事情節，買來各種牛奶飲品讓學生認識營養素。這個故事我深深記得，對鮮奶少女和巧克力牛奶人的競賽情節我熟悉得很。

故事的魔力發酵，學生的心情放鬆了，也能細細咀嚼我說的話了：「在運動場上，不相上下時輸贏和名次掌握在他人手裡，拉大差距時就能自己決定成績。鮮奶少女學到的事是不能只怪罪別人，也要反求諸己。」我解釋了「反求諸己」的意思就是從自己本身找原因，反過來自我省察。

我再次肯定孩子們在大隊接力賽裡凝聚了班級向心力，沒有互相責難，每個人迎風起跑的英姿都在為團體榮譽而戰，這彌足珍貴。最後，大家心平氣和收下了第五名的事實。

親愛的孩子，你對事有著單純且直接的眼光，憤怒時你緊握拳頭好像抓住許多東西，事實上連空氣都抓不到。你可以對任何自認不合理之處提出質疑，這是珍貴的哲思訓練和自我改變的動力，但一定要正面思考，尋求解方，讓事情有合理解決方式，而非累積怨懟不滿。敬陪末座的大隊接力教會我們，成就不一定只能從名次裡累積，原來失敗裡學習的事情更強大。

22 唱出有聲有色、唱得有滋有味

日前受邀上教育廣播電臺「與美感教育共舞」節目，和主持人陳碧涵教授暢談素養與美感教育，助理聯繫前置作業時，請我準備兩首喜愛的歌曲在節目中播放。

我對時下流行歌曲不熟悉，平日喜歡哼唱的多以年輕時代聽的經典歌曲居多，尤以民歌最為喜歡。

教室裡唱起廟會

某天下課時分，我在網路搜尋歌曲，長串歌單中，我點開〈廟會〉。音樂一出便流瀉熱鬧豐盈的喜慶感，簡單前奏後，歌詞唱出「歡鑼喜鼓咚得隆咚鏘……」，沒想到教室裡的孩子們竟然也跟著大聲唱了起來。

「你們知道這首歌？」我納悶的問，以為這是一首年代有點久遠的歌，不會是滑世代小孩熟悉喜歡的歌曲類型，沒想到學生異口同聲唱了起來。

「這學期音樂課剛好有教這首歌。」

「原來如此，那你們唱給我聽。」

「歡鑼喜鼓咚得隆咚鏘，鈸鐃穿雲霄ㄠㄠㄠ。盤柱青龍探頭望，石獅笑張嘴ㄟㄟㄟ。」學生們歡天喜地開唱。

才唱幾句我就覺得有點難以忍受，因為沒有美感。姑且不論歌唱技巧，那非我專業，但從喉頭發出的聲音沒有感情，我喊了聲「停——」

「你們唱歌都這樣唱的嗎？fu，要有fu！」我誇張的強調。

「一首歌就是一個故事，一個敘述，有畫面的，唱歌的同時畫面就會出現在腦海裡了。」我說。

學生很納悶，唱歌不就是張大嘴唱就對了，跟「故事」還有「敘述」有什麼關係呢？又哪來什麼「畫面」。那麼，讓我們來上一堂美感課吧！

我知道〈廟會〉的作詞者是賴西安，筆名李潼，是已故知名兒童文學創作者，過往教學歷程也曾帶領學生讀過李潼的作品二三。這首歌創作於四十多年前，真的是有點年紀的歌曲，但是歷久彌新，至今仍傳唱不輟。

我把歌詞展現在大螢幕上，帶著學生一起咀嚼文字。

「『歡鑼喜鼓咚得隆咚鏘！鈸鐃穿雲霄。』你看，歌詞一出就是摹聲，咚得隆咚鏘是什麼聲音？」我問。

「鑼鼓。」

「還有鈸和鐃啦！『鏘』就是一對銅鈸、銅鐃互相撞擊發出的聲音。」我又說又演。「這鑼鼓鈸鐃的聲響大不大？」

「大！」

「多大？」我追問。

「很大，穿過了雲霄。」

「對嘛，這兩句話好厲害，廟會中傳統中國樂器清清楚楚展現，還寫摹聲，彷彿我們都聽見了直上雲霄的熱鬧聲響。」

「盤柱青龍探頭望，石獅笑張嘴。你看，擬人耶！蟠龍柱上的龍、鎮守門戶的張嘴獅也都參與歡騰的廟會。有沒有畫面？」我比手又畫腳。

「真的有耶！」學生也感染了我的興致高昂。

「一首歌曲有聲有色有主題，就像電影跑過一幕幕的畫面。」我做了個比喻。

「來來來，你們繼續好好的把〈廟會〉歌詞看一看，看到了什麼？」經過方才帶領示範，我希望學生自己感受發現。

「人們點了紅紅的蠟燭，拿香拜菩薩祈福，希望有好的收成，在外工作求學的家人都平平安安。」學生說出了歌詞裡表現的廟會目的——祈福。

「除了菩薩，廟裡還有范謝將軍和戰天神鎮守廟宇、保佑著大家。」學生再說出廟裡常見的神祇。我補充說明了范謝將軍是俗稱的「七爺、八爺」，謝將軍是謝必安，身材高瘦、面色白；范將軍是范無咎，體態短胖、面色黑；戰天神就是廟會常見的陣頭神將。

有名的新竹都城隍廟就在學校附近，學生也見過廟會活動或城隍爺出巡，正好呼應這首歌。我建議學生下次享用廟口小吃時，順道走訪廟宇，看看盤柱青龍和石獅，驗證一下歌詞所述。

理解歌詞，唱出情感與美感

「唱歌要理解歌詞，最好還能知道作詞、作曲者的創作背景。這跟讀課文是一樣的，朗讀時我們要理解作者心意才能讀出情感、讀出美感。唱歌也是一樣，理解歌詞才能唱出情感、唱出美感。」我把唱歌比擬成讀課文，學生一點就通。

在我補充說明下，學生理解了李潼在民國六〇年代末期創作這首歌詞的時代背景。舊時民風純樸，物資不豐，娛樂不多，人們的信仰極為虔誠，廟會是民間重視的節日慶典。

「『悲歡聚散總無常，知足心境寬。』人們寄託宗教信仰之外，也要體會人生有悲歡離合的聚散，知足就會帶來寧靜喜樂。」

一首歌把廟會有形的熱鬧和喜氣洋洋表現得淋漓盡致，更把廟會無形的精神層次提點得恰到好處，能咀嚼精緻歌詞，便能感受一首歌真是不簡單。「藝術啊，藝術！」我喜歡學生這樣的比喻和結論。

「老師，電臺不是請你準備兩首歌嗎？那你第二首歌要選什麼？」學生記得我搜尋歌曲的緣由便問起。

「我想選〈小草〉。」學生沒聽過這首歌，於是我們一起欣賞。

「你看，這首歌的歌詞好簡單，就是白話易懂的淺語，但整首歌聽起來就是勵志又振奮。」我說了喜愛這首歌的理由。

「你們覺得歌詞中的小草比喻什麼？」我問。

「我們。」學生說

「大風大雨比喻什麼？」

「人生會遇到困難。」

「所以呢？」我直搗盲腸問重點了。

「遇到困難要像小草一樣面對，並且接受挑戰，人生要像小草一樣不怕困難，立志長高！」學生太會講了！

「對啦！你看，小草實在是並不小！」我滿心歡喜的結束今天的師生對話，然後我們把一首在音樂課已經學會的〈廟會〉唱得有聲有色、唱得更有滋有味，也把我的舊愛、學生的新歡〈小草〉唱得志氣高。

之後在廣播受訪中，我也分享了這段關於兩首歌曲的師生對話，主持人問我什麼是校園裡的美感教育？於我而言，澆灌孩子的感官體會、感動心靈是美感；帶領孩子欣賞生活中細微事物，帶來愉悅感受是美感；師生一起唱出有感覺的歌是美感；師生間有意義的對話是美感；校園裡的美感教育就是讓孩子對生活不再無感。

親愛的孩子，〈廟會〉和〈小草〉是無心插柳的禮物，希望你日後聽歌、唱歌都能有所感受，觸動音樂和生活的關聯，體會歌詞的美感，也能以歌曲來美麗自己的人生。

23 多堅持一下，勝過永不放棄

新竹市光復高中籃球隊在一一〇學年度ＨＢＬ高中籃球聯賽中，與強隊南山高中纏鬥全場後，拿下冠軍。學生之所以知道這則消息不是因為關注賽事或看了球賽，而是放眼所見市區慶賀的紅布條四處飄揚，市政府和許多店家同慶這一場新竹子弟兵隊史的首座冠軍獎盃，有免費雞排發送及餐點折扣、消費優惠等活動，全市歡欣鼓舞，與有榮焉。

學生討論免費吃食好康活動很是熱烈，頗有參與感，但無人觀看這一場冠亞軍爭奪賽，無論是實況轉播或回放。我先前跟著女兒們朝聖了這一場殊死戰，兩隊的拚搏讓我這運動門外漢都動容。手邊改著聯絡簿，看到學生在日記欄位仍然寫著八股的讀書心得「我看了○○的故事，我會學習他永不放棄的精神。」耳邊再傳來孩子們高亢激昂討論雞排發送地點的聲音，我想學生真該看看這場龍爭虎鬥。幸運滿足口腹之欲之餘，我們更要知道一場球賽的價值，除了團隊合作，還有「多堅持一下」的運動家精神。

倒數秒數能做些什麼？

「對吃免費雞排有興趣的舉手！」我話才落下，全班雙手「嘩」的一聲擺動揮舞喊著：「我我我！」

「看過這場冠亞軍球賽的舉手！」這時，「唰」的一聲眾人的手放下了，並說著：「在補習」、「在寫功課」、「不知道何時比賽」云云。學生只知道光復高中是獲勝方，但沒看過球賽，也不清楚細節。

「享好康之前先看個比賽，保證唷雞排更有滋有味。」我準備好了，網路上已有諸多影片可供選擇。

光復中學座落在清華大學旁邊，在地球隊首度奪冠話題正熱，高年級學生在體育課也累積了對籃球運動的足夠認識，一起看個球賽吧！

在 YouTube 頻道點開影片，熱血球賽出現在教室大屏螢幕。我們從球賽結束前五分鐘開始看，戰況來到五十比五十，雙方平手。只見南山高中頻頻發動快攻，不過運氣似乎不站在南山高中這邊，屢投不進。光復高中則有進帳得分，在時間只剩二分二十秒時領先了五分。

我問：「二分二十秒能做什麼？」

學生認為南山很難追上五分的差距，上個廁所就不只花二分二十秒了。

隨著暫停時間結束，比賽繼續廝殺纏鬥，南山高中拚勁十足的在比賽結束前三十三秒時追平分數，眾人跟著熱血沸騰。

又一次暫停時間，我問學生：「雖然這是事後觀賽，我們都知道是光復高中贏球，但倒數三十三秒能做什麼？你真的要張大眼親自見證。」

比賽又開始了，雙方將士用命，氣氛緊張不已，光復高中一個投籃動作帶來兩分。學生大喊：「贏了！剩二十二秒了，守住就好。」兩隊鬥志高昂，頻頻暫停研議戰術，選手圍圈擊掌相互打氣。再開賽後，南山高中藉著進攻時對手犯規三罰進兩球追平分數，時間只剩最後十一秒，雙方再次以五十七比五十七不相上下。

「喔！好強，又平手了，難道打延長賽嗎？」最後十一秒，學生好奇著是否還有變數。

隨著光復高中開球後，球在攻守間傳遞，計時器上顯示最後一點九三秒，球傳到站在籃下的光復主將手上，他跳投得分，光復高中就以這兩分險勝，比賽結束。

看到球員眼裡的光

這五分鐘賽事看得學生尖叫連連、血脈賁張，真真實實看到那歷史性一球在看似不可能的時間點投進時，歡叫聲四起，見證金牌是分分秒秒搶下來的到手不易。

新聞媒體報導焦點多在明星選手陳將双身上，他的優異表現自是有目共睹，然球場上無一人不力拚。「除了陳將双，光復高中和南山高中場上的每個球員呢？你看到了什麼？」我問。

人人都是鬥志高昂、全力拚搏。南山在倒數二十二秒時落後再追平，光復在結束前不到兩秒的時間超前比數，創造的都是不可思議，展現球員強大的韌性和堅強意志力。

「你看球員的眼睛就知道，那眼神閃爍的都是光和熱。」我說。全然專注，全然投入，有機會就出手，有機會就抄球，不進再尋求機會、等待機會、創造機會。

「你們覺得球員當下心裡想的會是什麼？是『永不放棄』嗎？」我拋出問題。

學生說是。但我提出個人看法，「永不放棄」的「永」太遙遠，變數仍多，事實上不用想到高遠的永不放棄，而是專注當下，再「堅持一下」。撐不下去時「再堅持一下」，無數個「堅持一下」造就堅持到最後一刻，才織就真真實實的「永不放棄」。光復高中奪勝可喜，南山高中雖敗猶榮，雙方都表現出一流隊伍的水準。

揚著手上的聯絡簿，我說大家常常寫讀書心得或聽講座收穫都是以「我要學習主角人物永不放棄的精神」收尾。事實上，「你們常常在放棄，總是在放棄。」學生不置可否的笑了。

永不放棄豈是容易之事？從來都不簡單哪！放棄比堅持容易，常常孩子連嘗試都不願意，例如國語文競賽鮮有學生自願報名，演說和好書擂臺參賽者更是難以產生。「永不放棄」不是流於書寫形式給老師看的，我不會冀望過深的希望你「永不放棄」，但球賽中的親眼所見，畫面帶來的震撼與力量，我期望你凡事多「堅持一下」，記住球員眼睛裡的光。如果你真的吃到特價餐點或免費雞排，你吃到的是光復高中球員傳達的「堅持一下」所滴落的汗水。

藉此機會我也鼓勵學生多看球賽，籃球、羽球、桌球、網球、足球，這種高強度比賽，分分秒秒都可能有變數。不管是娛樂性質或是增加家人、朋友間的話題，或是培養更多運動興趣與增進運動知能，球賽中看著每個運動員的投入就足以讓我們有諸多學習。

看戴資穎和攻城獅的拚搏

學期末考完試距離結業式還有一小段時間，因為防疫，這兩年來學生在體育活動上受到不少限制，但觀賞球賽是望梅止渴的良方。

這段時間正好是一系列羽球公開賽事與職籃季後賽盛況，我們便躬逢其盛，觀賞了幾個精采片段。

羽球好手戴資穎在印尼羽球公開賽的女單四強賽中，對上奧運金牌得主陳雨菲。這一場比賽戴資穎在首局以十比二十一落敗，第二局更是在落後情況下一路苦撐，看得大家都為戴資穎捏一把冷汗，以為就要落敗了。但她在一球又一球穩住與撐住中度過危機，千辛萬苦化解五個賽末點逆轉勝，奪回一局，最終再以穩紮穩打的第三局取勝。戴資穎說她以為自己會輸，說真的，我們也以為她就要輸了，但她說：「我從未放棄，我盡力了。」

「戴資穎、陳雨菲都可怕得令人起雞皮疙瘩。」學生說。是的，那股拚勁像一把不曾熄滅的火。

臺灣職籃總冠軍賽開打，新竹街口攻城獅隊第一次打入總冠軍賽，迎戰經驗豐富尋求衛冕的富邦勇士隊。一開戰攻城獅就被壓著打，最大差距曾落後二十三分之多。看著看著大家的預測也是「鐵定輸了」，畢竟籃球賽在你來我往間要努力追回二十三分難度非常高。攻城獅大幅落後，學生說：「心應該是涼了一半。」但不拚到最後一刻又怎會知道勝負如何？只見攻城獅全神貫注的一分罰球、兩分快攻、三分大膽出手的一點一滴扳回劣勢，縮小差距，最後驚險的以一分險勝，螢幕前的大家也跟著尖叫聲四起。

親愛的孩子，不必說「永不放棄」這樣高遠的話，永不放棄非常人所能也。老師希望你們在想放棄時能做的就是再多堅持一下，能多堅持一下，再一下、又一下就是了不起。幾場球賽觀賞希望你注目的不是得勝那一方攫下的獎牌，拋開「勝者為王、敗者為寇」的迷思，你看到的是場上每個運動員發揮的鬥志、責任感以及態度。一場球賽能學習的事太多了，球員打出態度，拚出氣勢，用盡全力，那是對自我的看重。球賽中的正向思考與激發的鬥志更勝高聲吶喊，兩個字足以——堅持！

24 既談情也說愛

高年級孩子情竇初開，對異性有了好奇，也喜歡亂點鴛鴦譜說著「誰誰誰喜歡（愛）某某某」的話題。情感是靈動而且真實的生活經驗，我贊成也鼓勵學生表現情感，大方表達對同性及異性的欣賞。然小學生間的「誰誰喜歡（愛）某某某」，不是這麼簡單的純友誼，常是同儕間紛爭的開端，也考驗老師班級經營的智慧。

流言傳來傳去

小甄氣呼呼的來反映她「被說」喜歡誰。這一陣子下課時，的確常見到孩子們竊笑的說著：「我跟你說……。」聽聞者汲取八卦後，喜孜孜的轉頭尋找下一位分享者：「我跟你說……。」小甄平日是爽朗樂觀的孩子，會來跟我反映，表示她已有情緒累積。

情感教育不是禁忌，那麼，打開天窗說亮話的全班一起面對。

我請人去喊打掃廁所的同學盡速結束清潔工作，再請田徑隊和社團練習的人暫時告假速回教室，好不容易能在導師時間全員到齊。

我一臉嚴肅雙手交叉胸前站在教室前，令學生感覺空氣凝結，連大氣都不敢呼出，輕手輕腳拉開椅子坐好，小心翼翼的以眼神刺探周遭氛圍。

我開口：「前一陣子不是懇談過了嗎？一根手指頭指別人，四根手指頭指自己；講別人不如先講自己，現在的傳言是怎麼一回事？」學生嚇得默不作聲。

「好吧！要講就攤開來講，講個光明正大。」這下，很多孩子表情更顯不安。

小甄滿腹委屈的說小祈在幫她配對。小祈臉部扭曲的坐直了身子，一副被逮到要進行公審的緊張神態

「我來聽聽看，你怎麼幫她配對？」我看向小祈。

小祈舌頭打結的說不出話，其他人幫腔：「他說小甄喜歡小祐。」我提高音量說：「什麼？小甄配小祐？這我不同意。小祐上學常遲到，以後跟他約會的人都要苦苦等待高唱等毋人，太委屈了。」

全班傳出一陣爆笑，以為老師要訓話，結果老師竟然說出不可思議的話，教室氣氛輕鬆了些。

接著又有人說：「小祈還說小甄喜歡小銨。」

我張大雙眼誇張的說：「還有小銨？這我不贊成！小銨太能吃！湯都喝五碗，以後約會餐點一上桌，食物八成都被他吃掉，女生一定餓肚子。」

全班又是一陣笑聲，再有人加碼：「小祈還說小甄喜歡小柏！」

「小柏？這我也反對！大家看看小柏的座位。」順著我的手指過去，小柏座位一如往常在座椅上下、抽屜內外和桌面、地面雜亂堆滿物品簿本，大家異口同聲的說出：「流浪漢之家。」

「以後當他女朋友的人辛苦了，約會可能都在忙打掃。」全班格格笑個不停，先前肅殺氣氛一掃而空。

這時，幾個苦主舉手說：「我也被說過。」

「小祈說我喜歡小翔。」溫良恭儉讓的小臻說著。

小祈今日頻頻被點名，急於漂白撇清的說：「是真的啊！小臻真的有跟我說過她喜歡小翔。」

「流言傳來傳去，說不停，不知道何時能平息。」我先唱幾句，準備曉以大義。

八卦背叛了友情

「好，我相信小臻真的有跟你說過，但是，她是不是基於信任才告訴你的？」我問，小祈點頭。

「她應該也有說：『你不要告訴別人喔！其實我滿喜歡某某某的！』有吧？」

小祈小聲的說：「有。」

「這就對了，朋友基於信任跟你說真心話，加了一句『你不要告訴別人』，結果你轉頭就跟甲說：『你不要告訴別人喔！○○喜歡××。』甲聽了又跟乙說：

『你不要告訴別人喔！小祈跟我說 ○○ 喜歡 ××。』乙再去跟丙說：『你不要告訴別人喔！小祈跟甲說，甲又跟我說，○○ 喜歡 ××。』」我繞口令似的說了一段流言散播路徑。

學生舉一反三的說，然後乙跟丙說完之後，丁戊己庚辛也都知道了。

「重點何在？」我問。

「全部的人都知道某人喜歡誰了。」學生說。

「抓錯重點！不是誰喜歡誰，是信任破壞。」我直搗盲腸了。

「同學間基於信任，跟你分享心事或祕密，結果世人皆知，你就是辜負了他把你當好朋友的心意。」我要學生想想，八卦散播後是否使得友誼信任搖搖欲墜。

我先解釋了「八卦」一詞由來，起源於香港媒體打探藝人、名人的私生活並公開報導，八卦新聞這個俚語演變為我們稱流言蜚語或小道消息就是八卦。

我接著說明，對話是日常，聊天是人際的聯絡。更有研究顯示，八卦是流傳成俗的社會習性，人們只要聚在一起就會不自覺的聊起八卦，這是正常的社交活動與心理需求。我要學生放心，大家都是正常人，學生笑了。

八卦先放一邊，友誼信任當重點，我們要談談誠信。

「你跟同學分享祕密，交代他不要說，結果他說出去了，好多人知道了，你的感覺如何？」

「被背叛了，會很生氣。」

「遭受背叛使人憤怒，對人性也會懷疑失望，你會如何面對說你八卦的人？」

「背叛回去，讓對方嘗嘗被背叛的感覺。」小紘是直腸子性格，有些人附議以牙還牙是正常的。

「升起報復之心很正常，但是你背叛我，我背叛你，冤冤相叛何時了！」我再問：「會不會影響友情？」大家說肯定會。

「我會選擇和對方保持距離，不再認為他是我的好朋友了。」小晴坦承的說。可見，傳遞八卦在無形中失去了朋友可能還不自知。

「要如何避免一不小心就把朋友的祕密給說出去了呢？」我問。

學生提出許多妙趣點子，包括跟寵物說，因為寵物不會說出去；不指名道姓的說（但會引起揣測且愈描愈黑）；跟家人說，因為家人不認識同學等。

我給個提議：「聽到『我跟你說，你不要跟別人說』這句讓人壓力山大的話時，立刻跟對方說：『你不要跟我說，因為我一定會忍不住跟別人說。』」學生拍手叫好，一致認為這樣雙方平攤責任，壓力就小多了。

校園裡可以談情說愛嗎？

我問小祈如何開始這則八卦的。

小祈義正嚴詞的說：「我聽到小甄和小祐約好要一起去參加田徑隊，她就沒有約別人。」

「你又如何知道小甄喜歡小鋐？」

「她每次打青菜給小鋐都特別少，打給別人都特別多。」我忍不住笑出來了，原來這也是理由喔！小鋐不愛吃青菜，小祈目測打菜的青菜量也能做為喜歡與否的評比，真是想像力豐富的孩子。

「那麼，小甄又是如何喜歡小柏？」小祈已經不好意思回答我的問題了，其他同學幫腔說：「他說小甄常常借小柏筆芯。」

全班爆出笑聲：「這什麼理由啊！」

套句臺語俗諺，真是「講一個影，生一個囝」。

學生們自有判斷的說，這些理由都很瞎，被當成八卦的主角們彼此會很尷尬，以後男生不敢跟女生說話，女生也不願意和男生分組討論，可能形成壁壘分明的男女兩國了，如此才不正常。

「在學校裡可以談情說愛嗎？」我問。

「不行！」全班一致斬釘截鐵的說。

「為什麼不行？」

違反校規、來學校目的是要專心讀書、很奇怪、年紀太小不適合談戀愛，談戀愛要等長大、爸媽不會同意……，學生說了各式理由。

「我認為可以！」我說。

「不行！」學生再次強調。

「我說的是談情說愛，不是談戀愛。」

欣賞他人，也成就自己

學校裡是團體生活，有男有女，大家因相處互動會發展出對友伴各異其趣的感覺，物以類聚或異性相吸都是正常的身心發展。我指的談情說愛並不是要發展一對一的戀愛關係，不論同性或異性，大家可以大方的表達自己對他人的感覺。不必用「愛」或「喜歡」形容，以免覺得敏感或引起誤會，那就說是「欣賞」吧！

欣賞同學的優點特點，可能是高顏值（學生們「喔」的拉長音）、跑得快、掃地用心、笑臉迎人、學習態度佳、脾氣好、和善親切、球技一流，寫字端正……，然後以適當的方式表達你對他人的欣賞，或找機會親近並學習，可為人際關係增溫，也能提升自我程度。

「如果你對某人特別有感覺，很好，恭喜你有愛人的能力。」我鼓勵邁入青春期的孩子要面對真實的自我情感覺察。

「不過，一對一太早啦！打團體戰就行啦！」

「人是很情緒化的動物，感情有時也像月亮，初一、十五不一樣。也許今天欣賞，明天就變調走味，這正常啦！」我看學生聽得津津有味，很高興師生能談心。

「還有喔！有些男生會用捉弄或開玩笑的方式引起女生注意，這也是正常的，只是你會常常被投訴。」大家都笑了。

「秀恩愛，死得快；因為你們嘴巴拉鍊都不緊，來跟我說最保險了！我口風最緊，若有情敵還可以跟你分析敵情。」希望我毛遂自薦當情感顧問，可以讓學生知道，在困惑難解時會有老師的陪伴。

我也謝謝小祐、小銨和小柏，都是開得起玩笑的人，可以讓我消遣一下製造笑果。不過我也提醒了他們，缺點修正一下，以後女朋友會多很多，學生又「喔」的笑鬧幾聲。

「最後，我要問，誰誰喜歡某某，這個話題到底可不可以講？」我說。

「不可以，要說欣賞；別人請你別說，就要有道義守住。」

「如果真的很想說，還是可以說啦！但是，我有條件！」我故弄玄虛。

「要先繳保證金。就六六大順的六千六百元好了！」

「為什麼？」

「八卦可以說，但要負責任的說。說甲喜歡乙，丙愛丁，表示你想當媒人，將來事成媒人也是要包禮給新人，就先預付在我這，你就可以放心大膽的說了。」我開個玩笑。

「我們沒錢啦！」「以後不敢說了！」「說話代價這麼貴喔！」「真是一言千金。」「壓歲錢都不夠付。」學生也七嘴八舌的回應著。

皆大歡喜的，大家輕鬆下課了。

親愛的孩子，我想關心你正經歷情感經驗和生活體會，我想和你開啟對話，讓你知道「認識自己的感受」和「體會別人的感受」同等重要，而後你能感同身受。情感不是大人的專屬，人人都要學習合宜的情感表達和人際關係的建立。欣賞他人但不是盲目崇拜或愛慕，也要細心呵護每一段友情中的傳情達意，盡到你做為朋友的義氣。那麼，校園裡的談情說愛，一切都是自然而自在的。

25 自制力與同理心

學校採線上方式辦理升學輔導，邀請鄰近幾個國中介紹學校的特色，讓六年級學生對國中有基礎認識。疫情之故，許多活動由實體改採線上，眾人避免群聚，可在同一時間的不同空間，透過科技工具輔助在網路相會，這是方便之處，但少了面對面的互動溫度是可惜之處。

鏡頭前看不見的畫面

教室前方大螢幕中的各校主任、老師準備豐富影片或簡報，介紹學校環境、課程特色、社團活動、比賽競技等，用心之至。各校輪流登場，一開始教室內的眾人端坐專注，一段時間過後，有些窸窣的聊天聲音出現，三個孩子聊了起來，我投以提醒眼神，孩子們馬上安靜。

不一會兒，見我轉身回到觀看螢幕畫面，三個人繼續說笑，愈聊愈開心之後，再加入另一名聊天咖，他們不自覺的話語笑聲漸大。我起身將手指向螢幕並出聲提醒：「哈囉，哈囉，現在是升學輔導座談。」

我本以為幾個孩子會出現尷尬表情並說聲：「抱歉，我改進。」沒有，小文不以為然說：「我沒有要讀這個學校，我要讀的學校已經介紹過了，我聽好了。」

小磊和小弘接著聲援：「我們又沒有吵到主講的老師。」「大家又沒有要讀這個學校。」

「此言差矣。你們是沒有吵到主講老師，但吵到教室裡的同學。有興趣認識○○國中的請舉手。」多數人舉手了，幾個聊天的人也就收束了被我提醒的微微不悅表情而安靜了。

活動結束，我掌握事件溫度，跟學生有所討論。

覺察與反思

「線上升學輔導介紹，一開始大家正襟危坐，專注聆聽，我欣賞各位的投入。漸漸的，畫面有所改變，據我觀察有三種類型：第一種是持續投入其中，不管介紹的是不是你要讀的學校，還是專心看著、聽著；第二種是時而抬頭觀看，時而低頭閱讀手邊的書；第三種就是百無聊賴，找人開講。請問，你是屬於哪一種？」我要學生思考自己在當下情境中的表現。

我跟學生說明，這不是秋後算帳，沒有處罰，純粹想要眾人能夠覺察自己的思考與行動。「貫徹始終，青天白日滿地紅的人請舉手。」我開玩笑的以兩句〈國旗歌〉歌詞詢問。有半數的人舉手，表示自己全程投入。

「為什麼？你們不是也八九不離十的確定自己要讀的國中了嗎？為什麼還全程聽完？」我故意這麼問，希望大家能夠聽聽，對於同一件事，他人的想法、做法與我有何異同。

「多聽、多認識可多比較，回家能和家人討論哪個是最適合自己的學校。」

「除了自己想讀的學校，也可以認識好朋友想讀的學校，聊天會更有話題。」

「我聽到很多我不知道的內容，想要繼續聽下去。」

「每一個國中的主任和老師都很認真準備，講的內容就是重點，能聽到重點就會很有收穫。」

我給予這些學生高度肯定，想法和做法都很成熟篤定，在意的不是螢幕中的老師是否看得到我，而是能著眼於提升自我學習效能，甚至以此擴展人際互動，我深感佩服。

「有些人時而聆聽，時而低頭閱讀或訂正作業，請舉手。」有六個人舉手。

「你們這麼做一定有理由，說出來讓大家聽聽。」我鼓勵之，希望學生知道我沒有責怪之意。

「我確定自己要讀的學校了，其他的學校我想不用聽也沒關係。」小甄說，其他人表示附議。

「想來你們也是有觀察和判斷的，那麼，在你決定略過某些學校的同時，為何你是選擇閱讀或訂正作業，而不是聊天說話？」我問。

「講話會影響別人，干擾到想聽的同學。」

「我不想浪費時間，就選擇看書。」

「介紹我未來要讀的學校時，我有認真聽，其他學校我不是很有興趣，就想說可以利用時間訂正作業。」

「我一邊看書，但也有一邊在聽。」

「要聊天，下課再聊就可以了。」

我真心謝謝這幾位學生表達內心的想法與做法。的確，線上形式少了互動，講者與聽者頗有距離，但這幾個孩子對於情境也能有所判斷，在不干擾他人的情形下，同時思索著把握零碎時間做出有效益的事。

隨心所欲便逾矩

再來，就是邀請幾位開聊天趴的學生說話囉！

「我沒有怪罪之意，我好奇與納悶的是，你六年級了，理應知道集會目的與參與方式，但是你們開心聊天，你的想法是什麼？」我問，並且確認聊的就是些嬉鬧逗笑的無關話題。

「在介紹我要讀的學校時，我有認真聽啊！」

「我沒有吵到主講的老師。」

「我們講得很小聲，應該沒有影響其他同學。」

「大家又沒有要讀〇〇國中，我只有在介紹〇〇國中時才講話。」

我一向希望班級裡有安全的發表環境，學生能知道自己不會因為說真話而被處罰，所以這幾個聊天的學生能放心講出內心所想，也讓自己和他人有溝通機會。原來，學生的想法好單純、好天真，需要大人懂之、教之。

「在介紹你想就讀的學校時，你聽得清楚嗎？」我問。

「很清楚啊！」

「為什麼聽得清楚？」我再問。

「學校主任介紹很多學校特色。」

「準備得再充分、再精采，教室現場若吵鬧你也會感覺被干擾。」我說。

「如果人人想著，這不是我的目標學校，我可以聊天了，那麼將會一片混亂。你之所以聽得清楚，那是因為未來沒和你同校的人的貼心和成全。」或許學生沒想過「我」和「他人」關聯這麼深，表情一愣。

「你當然沒有吵到主講的老師。」大家都笑了，主講者在鏡頭裡，我們習慣性的關閉麥克風和鏡頭，缺乏空間感的會議形式是疫情下的不得不。

「鏡頭下，關起門，就是你的氣質與教養。」我說。

「這和用洗手間的道理一樣。上廁所關起門，你是否維持乾淨，好讓後來的人能乾淨清爽的使用，大家無從得知，但你自己知道。線上集會關閉鏡頭，主講者不會看到你走動聊天，但你自己知道。別人看不到的地方是細節、是禮貌、是氣質和教養。」我說。

「老師，『人在做，天在看』，就是這個意思嗎？」學生有了提問。

我解釋，這句俗諺多指做壞事以為人不知，不過舉頭三尺有神明，會有善惡報應之意。孩子們的團體規範失準不能稱之為做壞事，但是意思都指向人的言行舉止要問心無愧。

學生常有上課或集會笑鬧的表現，也就是許多老師感到頭痛的「愛講話」。其實學生常控制不住的就是要講，或本以為只講一、兩句，哪知話匣子打開就合不起來；還有就是以為自己隱藏得很好，老師並不知道。歸咎起來，學生沒有意識到自己的行為表現和群體有關。

「你想講話，代表你有需求。當你有講話的欲望時，內心就無法平靜，也沒辦法將精神專注在當下的正事，這很正常。」我希望學生理解自我內在的心思運作。

「當你講話聊天的同時，你以為自己講得很小聲，講得很『私人』，你不知道自己影響了他人，對不對？」我問。

學生點頭如搗蒜，感覺被同理，還說我好像算命仙，掐指一算就準，他真的以為只有自己和對方聽到而已。不過，附近同學說都聽到了聊天內容，就算沒聽清楚也是很吵，很干擾。於是，這聊天就不只是「只要我喜歡，有何不可以」的單純了。

我在白板上寫下：「克己復禮為仁。」

我解釋，顏淵問孔子什麼是仁？孔子說要克制自己，讓自己的言語和行動都合乎禮的表現，這就是仁。

「套句現代話來說，就是自制力和同理心。」這樣比喻，學生就「喔」一聲的表示比較懂了。

上課或集會的團體場合，如果想說、想聊的屬非關緊要的玩樂事，要努力克制自己的欲望和衝動。依照團體規則規矩表現，能約束自己，這是自制力；細膩的揣想自己的行為是否會影響他人，我聊天會不會干擾到想聽課的人，這是同理心。

美國曾對民眾做過一份問卷調查，我問學生其中一道題目：「如果可以隱形，你會做什麼事？」學生答案五花八門，但想不到我公布的答案是：「百分之八十都說要搶銀行。」人性好脆弱，由此可見。

但大家都去搶銀行了嗎？沒有。為什麼沒有？自制力伴隨同理心！

有同理心的人會想到他人，會有比較好的自我控制能力。能自我約束，能想到他人，言行舉止也就能合乎禮節禮儀，帶來好的影響便是一切和諧有序。

我提起了前一日體育課的事。體育課結束，任課老師打電話給我，說課堂中學生懶洋洋模樣，在他轉身處理其他事情時，許多人將暖身跑操場改成散步，或以直接穿越操場中央的切西瓜模式，自以為聰明的偷工減料。

這就是自制力差與同理心薄弱的表現。結果，體育課泡湯，後面換來老師的處罰與訓話。

最後，我開玩笑的要學生與自己的前額葉好好協商，讓前額葉好好運作，判斷場合，表現合宜，凡事必順心。

親愛的孩子，我不是要你凡事拘謹、膽小聽話，也不是要你有耳無嘴、事事聽大人安排，更不是拿孔孟語錄為你套上八股教條枷鎖。自制力是你的人生方向盤，又像內心的油門和煞車，在每一個所處環境你都需要觀察和判斷，時時刻刻展現自制與同理，你就能成為自己的主人。失去禮儀禮節的自私行為，將會逐漸養成你不良的生活習性，也會讓私心膨脹，變成自我中心的狹隘。克己復禮不是高深學問，是生活的實踐方向，我們一起努力。

26 用分享傳遞幸福溫度

「讓我說個故事給你聽。」每當我講出這句話，學生必定雙眼晶亮，身體即刻坐直等著我開講。我說的故事除了繪本橋梁書和少年小說的介紹導讀，很多是生活故事。故事都小小的，孩子們都很愛聽，沒有孩子能夠抗拒故事的魅力。

這個偏鄉小學的故事一樣小小的，帶給我的感動卻大大的。

港口國小之旅的廁所微光

某天，一通電話打來邀請我到港口國小做教師研習的教學分享。「請問港口國小在哪裡？」電話那頭魯木主任說：「花蓮豐濱，我們學校在秀姑巒溪出海口。」我還沒接續問明交通方式就二話不說秒答應，偏鄉要找講師不易，我一向願意用棉薄之力散發光熱。贈人玫瑰，手有餘香，這一直是我的信念。

一趟港口國小之行可謂舟車勞頓。清晨五點半尚未天亮我便踏出家門，搭乘最早班客運從新竹到臺北，在臺北火車站約莫四十分鐘的等待後，搭上往花東的普悠瑪號，三個小時搖晃在湛藍與青翠的山海間，近午時分抵達花蓮縣光復火車站。魯木主任來接我，爽朗的笑聲讓彼此一見如故，車子順暢的奔馳在蜿蜒的海岸公路，美麗的藍色太平洋近在咫尺，將近五十分鐘的車程終於抵達這小而美的部落小學，時間恰好銜接下午一點的研習。

研習開始前，我先去洗手間。此刻雖是週三下午，但學生都在學校準備進行獨木舟訓練，這是該校的特色課程，港口國小全校學生數只有十二人。

我在洗手間外頭迎面對上走出來的一位女學生，約是高年級模樣，禮貌的對我說了聲客人好。洗手間燈光沒開啟，顯得微暗，我進洗手間後，聽到「啪」一聲，燈亮了，瞬間我知道是女學生幫我開的燈。出來後我左右尋不著她的蹤影，無法親自跟她道謝，十一月的海風已能穿透皮膚帶來涼意，但我的心是暖的。

研習開始，我先分享方才的廁所開燈小故事，讚賞老師們將學生教得很好，我初來乍到便深深感受學生的禮貌與體貼。這所迷你小學師生間熟悉得像家人，學生見我一個陌生臉孔，自然判斷來者是客，貼心的為我開燈，這份細膩與柔軟之心絕對來自平日師長的教導，我將這份感動回饋給老師們。

講這個小故事給班上二年級的孩子聽是隔天上課的事，故事很有新鮮度，孩子們也聽得津津有味，講完照例要進行「故事測驗猜猜樂」。

「這個故事的主題是什麼呢？」小朋友準備作答了。

「一、葉老師昨天坐火車去花蓮玩。二、葉老師被女學生感動了。三、葉老師上完廁所有關燈。這一題是單選題，請作答。」

小孩馬上開心的比出「二」的手勢。

「答對了！」低年級小孩很可愛，設計問答會讓答對的大夥樂不可支。

「接下來猜猜，葉老師幾點回到家？」開放式問題讓學生很有參與感。我要他們算一下去程我所花的交通時間，回推北返再跑相同交通流程估算返家時間，這是生活數學應用，答案紛紛拋出。

「晚上十一點！」我說！

「哇！好晚喔！我們已經睡覺了。」

「不過，我昨天晚上差點回不了家，那麼就會趕不上今天上班上課。現在，加碼講第二個我回家的故事。」又有故事聽，孩子們「喔耶」了起來！

光復小站的溫暖人情

港口國小研習結束，我速速收拾，再次坐上魯木主任的車到光復火車站，預計搭乘下午四點四十五分的普悠瑪號到臺北。某些路段只有一個車道，加上彎道超車不易，我對在前頭緩行的工程車介意了起來，時不時盯著時間擔心著。好不容易，魯木主任終於在恰當時機超車成功，加速前行，終於駛進火車站前筆直的道路。我在兩、三百公尺遠的地方看到火車進站了，一路逼近再聽到鳴笛聲，當休旅車一滑進站前小廣場，我便跳下車衝進站裡。只見列車停靠在第二月臺，列車長正站在月臺上和站務人員比出致意手勢，這……我鐵定趕不上了。

情急下我扯開喉嚨大喊：「等我一下！」幸好光復是個小站，平日旅客不多，此時空曠月臺上也前無古人後無來者，只有我的聲音穿透。進站處站務人員說：「先上車。」省卻我驗票、過票時間。我使出百米衝刺力氣狂奔，月臺間要上下地下道樓梯，總算，我在第二月臺冒出頭，列車長站在車門邊開玩笑對我說：「你很偉大喔！全車都在等你！」我大口喘著氣深深一鞠躬，連謝謝都講不清楚，跳上車後車門隨即關閉。幸好，若錯過這班車，我得等上三個多小時才會有下一班停靠光復站的對號列車。

我氣喘吁吁靠在車廂走道邊再次向列車長行禮道謝，他也回我淺淺微笑，問了聲：「票買了沒？」

分享故事、分享幸福

我邊講邊表演月臺狂奔的狼狽模樣，學生哈哈大笑。

「來來來，故事測驗又來了。老師月臺百米賽跑的心情如何呢？這一題單選。一、老師後悔平日沒有訓練跑步。二、老師擔心回不了家。三、老師大大感謝車長和站務人員。」大家比出「三」的手勢，等我點頭就爆出「耶」的歡呼聲。

「老師對這兩件事情的感受是什麼？這一題可以複選。」我以答題方式包裝我的想法。

「一、受到別人的幫助我感覺很幸福。二、我可以那個做點燈的人，為別人帶來幸福。三、感覺幸福要說出來，讓幸福的力量擴散。」這三個答案讓小朋友都舉了手，更清楚舉出我所領受的協助：港口國小的大姊姊幫葉老師開廁所的燈、港口國小的主任開車接送葉老師、光復火車站的站務人員和列車長等葉老師上車。

「故事是我的，為什麼葉老師要說自己的故事給你們聽呢？」每次講完故事我都讓小朋友開放回答，讓孩子們更明白我說故事的目的。

「因為老師愛我們、因為老師知道我們喜歡聽故事，老師喜歡分享，老師希望我們感恩惜福，老師想要我們在故事裡成長，老師希望我們也要學習幫助別人……」說得對極了也好極了。

「老師說的兩個故事你們喜歡嗎？」所有小孩猛點頭。

「那麼，你們應該謝謝老師。」

「謝謝老師！」稚嫩但誠摯的聲音從孩子們的嘴裡迸出煞是動聽！

親愛的孩子，我喜歡講美好的故事給你聽，故事中包裝了大人的生活經驗和領受的感動。我把感動感謝分享給你，你受我感動，再學習把感動感謝分享出去，這就有了真善美的流動循環。我不知道身為老師的我所說的哪個故事可能影響、改變哪一個你，我所做的，就是持續分享生命中美好的事物，經營我的故事時間，建構我們親密美妙的師生互動。

教育教養 BEP078

教室裡的師生對話力

作者 — 葉惠貞

總編輯 — 吳佩穎
人文館總監 — 楊郁慧
責任編輯 — 許景理
美術設計 — FE 設計 葉馥儀（特約）
封面攝影 — 有 fu 攝影專業形象照（特約）
內頁排版 — 薛美惠（特約）

出版者 — 遠見天下文化出版股份有限公司
創辦人 — 高希均、王力行
遠見・天下文化 事業群榮譽董事長 — 高希均
遠見・天下文化 事業群董事長 — 王力行
天下文化社長 — 林天來
國際事務開發部兼版權中心總監 — 潘欣
法律顧問 — 理律法律事務所陳長文律師
著作權顧問 — 魏啟翔律師
社址 — 臺北市 104 松江路 93 巷 1 號
讀者服務專線 — (02) 2662-0012 ｜傳真 — (02) 2662-0007；(02) 2662-0009
電子郵件信箱 — cwpc@cwgv.com.tw
直接郵撥帳號 — 1326703-6 號　遠見天下文化出版股份有限公司

製版廠 — 中原造像股份有限公司
印刷廠 — 中原造像股份有限公司
裝訂廠 — 中原造像股份有限公司
登記證 — 局版臺業字第 2517 號
總經銷 — 大和書報圖書股份有限公司｜電話 — (02) 8990-2588
出版日期 — 2023 年 6 月 30 日第一版第一次印行
2023 年 8 月 25 日第一版第二次印行

定價 — NT 400 元
ISBN — 978-626-355-269-2
EISBN — 9786263552722 (PDF)；9786263552715 (EPUB)
書號 — BEP 078
天下文化官網 — bookzone.cwgv.com.tw

國家圖書館出版品預行編目（CIP）資料

教室裡的師生對話力 / 葉惠貞著 . -- 第一版 . -- 臺北市 : 遠見天下文化出版股份有限公司 , 2023.06
面；　公分 . --（教育教養 ; BEP078）
ISBN 978-626-355-269-2（平裝）

1.CST: 小學教學 2.CST: 教學法
3.CST: 班級經營

523.3　　112008715

天下文化

BELIEVE IN READING